古代ローマの生活

樋脇博敏

目次

はじめに　9
第1章　ローマ帝国の人口　13
第2章　身分と社会　22
第3章　首都ローマの人口　32
第4章　ローマの住宅事情　42
第5章　浴場と温泉　52
第6章　水と都市生活　62
第7章　平均寿命　72
第8章　性　81
第9章　愛　101
第10章　結婚　115

第11章　出　産　124
第12章　老　後　133
第13章　死　143
第14章　後見制度　152
第15章　相続制度　160
第16章　饗　宴　170
第17章　庶民の食卓　179
第18章　衣　服　187
第19章　おしゃれ　196
第20章　教育と学問　209
第21章　教養と識字　218
第22章　剣闘士　227
第23章　旅と路　239
第24章　医　療　249

第25章　迷　信　260
第26章　宗教と暮らし　272
第27章　法と暮らし　282
第28章　経済と暮らし　293

関連年表　307
おわりに　312

属州の管轄
…皇帝管轄属州
…元老院管轄属州
ヘルッシイ族
オキシオネス族
サルマティア
ダキア
ドナウ川
トミス
黒海
上モエシア
下モエシア
ビュザンティオン
アルメニア
カスピ海
トラキア
ポントゥス
ビテュニア
マケドニア
ガラティア
アクティオン
レムノス島
カッパドキア
パルティア
テッサリア
ペルガモン
メソポタミア
アッシリア
アテナイ
エフェソス
タルソス
コリントス
アシア
キリキア
オロンテス川
シリア
マレア岬
アカイア
ユーフラテス川
ティグリス川
アンティオキア
クレタ
キュプロス
地中海
ユダヤ
アレクサンドリア
キュレナイカ
アラビア・ペトラエ
マルマリカ
ナイル川
エジプト
アラビア
紅海

北海
大西洋
シトネス族
スイオネス族
バルト海
ヨーク
ブリタンニア
カウキ族
下ゲルマニア
ゲルマニア
ライン川
ルグドゥネンシス
ベルギカ
カッティ族
上ゲルマニア
アグリ・デクマテス
ドナウ川
ラエティア
ノリクム
ガリア
アクィタニア
アルプス
コムム
パンノニア
カンタブリ
ナルボネンシス
アレテラ
イリュリクム
ダルマティア
アドリア海
イタリア
ルシタニア
ヒスパニア
ウィパスカ
コルシカ
ローマ
バエティカ
ユリア・ゲネティウァ
ガデス
サルディニア
地中海
パノルモス
クロトン
エリュクス
カルタゴ
シチリア
マウレタニア・ティンギタナ
マウレタニア・カエサリエンシス
ヌミディア
ザマ
アフリカ
トリポリス
アフリカ・プロコンスラリス
2世紀のローマ帝国
…2世紀のローマ領
…属州の境界線
下線の地名は属州名

2世紀のローマ帝国
イタリア拡大図
コムム
ボローニャ
イリュリア
アッレティウム
ティベリス川
エトルリア
ピケヌム
アドリア海
エペイロス
ラティウム
オスティア
ローマ
ラヌウィウム
ラウレントゥム
カプア
サルピア
ナポリ
ポンペイ
プロチダ島
アプリア
タレントゥム
サルディニア島
ルカニア
クロトン
エリュクス
パノルモス
シチリア島
プテオリ
ナポリ
ウェスウィウス山
バイアエ
ヘルクラネウム
ミセヌム
ポンペイ
サルノ川
プロチダ島
ナ ポ リ 湾
ソレント
カプリ島
サレルノ湾
N

はじめに

これから、古代ローマの社会と暮らしについてお話ししていくわけですが、その前にいくつかお断りしておくことがあります。

まず、ひと口に古代ローマといっても、その歴史は非常に長いということです。どの時代までを「古代」とするかについては研究者によって意見が異なりますが、とりあえず西ローマ帝国の滅亡までを射程に入れたとしても、ローマ建国の年は（伝承によれば）紀元前七五三年で、西ローマ帝国の滅亡は紀元後の四七六年ですから、一二〇〇年をゆうに超えてしまうわけです。

一二〇〇年もの長きにわたるローマ人の社会生活を、たった一冊の本で話すとなれば、ごくごく表面的なことがらをなぞるだけとなってしまい、つまらないでしょう。それにそもそも、私の能力からいっても不可能な話です。そこで、対象とする時代を限定する必要がどうしても生じてくるわけです。

西ローマ帝国滅亡までのローマの歴史は、その統治体制に着目した場合、三つの時代に区分することができます。まず、ローマ建国から前五〇九年までの王政時代、前五〇九年から前二七年までの共和政時代、そして、前二七年から四七六年までの帝政時代です（さらに、帝政時代は、三世紀ころまでを元首政時代、四世紀以降を専制君主政時代と区別されることがある)。

このうち、同時代のローマ人が書いた史料は前三世紀以降に限られており、それ以前に書かれたものはほとんど残っていません。ということはつまり、前三世紀以前のローマの歴史は、ずっとのちのローマ人がそうであったにちがいないと考えていた歴史であり、そうであってほしいと願っていた歴史だといえます。

このため、時代が古くなればなるほど、ローマの歴史は勇ましくなり、神々しくなり、しまいには神々の世界にまで足を踏み入れてしまうことになるのです。かくして、ローマのご先祖様の生活は、後世のローマ人にとって手本となるべき立派なものか、もしくは、反面教師となるべき堕落しきったもののどちらかで描かれることになり、現実の姿はなかなか見えにくくなってしまうわけです。

したがって、私の話も必然的に、同時代史料が残っている前三世紀よりもあとの時代について語られることになるでしょう。

史料がどれくらい残っているかという問題に加えて、どのような史料が残っているのかも重要となります。政治や軍事のような天下国家にかかわる出来事であれば、よく記録され、史料も比較的よく残っているのですが、人々の日常生活となると、なかなか記録には残りません。そこで、史料の種類が重要となってくるわけです。

ささいな日常風景も見逃さずに記録した書簡文学や、市井の一場面をとらえて世相を皮肉る諷刺《ふうし》文学が登場するようになるのは、共和政末期から帝政前期にかけてです。庶民の人生の一断面を記録した墓碑史料が現れるのは共和政末期以降で、その多くが紀元後の二世紀前後に属しています。また、ローマ人の生活の具体像を知るうえで不可欠の考古学資料といえば、ポンペイやオスティアといった都市遺跡と、そこから発見された生活用品などですが、これらはいずれも帝政期のものです。

つまり、古代ローマ人の日常生活のありようが明確な像を結んで見えてくるのは、共和政末期以降のことだということになります。したがって、これから私がお話しする内容も、共和政末期から帝政期にかけてが中心となることでしょう。

ピエール＝グリマルという研究者は、ローマ人の生活の歴史を、建国からポエニ戦争までの時代、前二世紀、アウグストゥスの世紀、ネロ帝からセウェルス朝の時代の四期に分けて論じ、三世紀あたりで筆を擱《お》いていますが、これは、「三世紀の危機」と呼ばれる政治的・経済的混乱を経て、ローマ人の生活様式にも変化が生じ、また、のちにキリスト教を受け入れることになる精神風土が醸成されていく時代だったからです。

私もグリマルの時代区分の仕方に概ね賛成です。したがって、私の話も、対象とする時代の下限を帝国のキリスト教化以前に設定したいと思います。

以上で述べたような時代範囲を中心として、これから古代ローマの社会と暮らしを描写していきますが、その舞台はおもにイタリアが、そしてとりわけ首都ローマが中心となります。イタリア以外の属州に話が及ぶ場合も、農村部ではなく都市部が中心となります。

扱う時代を限定するばかりか、地域までも限定するとは何ごとか！　とお叱りをうけそうですが、これもまた、史料の伝存情況がそうさせるのであって、私の怠慢のせいではない（全面否定はしませんが）ということを、最後に付け加えさせてください。

第1章　ローマ帝国の人口

元首政時代の帝国人口

紀元前三世紀までにイタリア半島を、そして前一世紀までには地中海周辺をその覇権下において、いわゆる「帝国」を成立させたローマですが、そこは一体どんな世界だったのでしょうか。そこに住み暮らした人々はどのような生活をおくっていたのでしょうか。

歴史に名を残すヒーローではなく、無名の庶民たちの日常風景を描写するのは非常に難しいのですが、いずれにせよ、まずは彼らが生きていた社会の情況を大まかに理解しておかなければならないでしょう。ローマ帝国はどれくらいの大きさだったのか、どれくらいの人が住んでいたのか、といったような基本的な情報を提示するところから話を始めましょう。

とはいうものの、二〇〇〇年以上も昔の人口を正確に知るのはとても難しく、それは、現代にあっても同様です。古代ローマでは、すでに王政期から戸籍が作成されていたと伝えられていますが、残念ながら、その実物はほとんど残っていません。

もちろん、人口というものは、戸籍だけでなく、その他さまざまなデータ（劇場の座席数や穀物の輸入量など）からも推計可能ですが、これまた残念なことに、時代や地域によって残っているデータの種類や質がばらばらというのが、古代ローマの現実です。そのような情況のなかで、比較的よくデータが残っているのが、共和政末期から元首政期にかけての時期です。

表一は、アウグストゥス帝が没した一四年ころの帝国人口の推計です。これによれば、ローマ帝国の人口は、東方ギリシア語圏で二〇四〇万人、西方ラテン語圏で二五一〇万人、あわせて四五五〇万人となります。このころの帝国の国土面積は約三三四万平方キロメートル（地中海を入れると約二倍）で、人口密度は平均して一三・六人ほどだったと考えられています。

参考までに、日本の場合、総人口が約一億二七〇〇万人、国土面積が約三八万平方キロメートルで、人口密度が約三四〇人（二〇一二年）、アメリカの場合、総人口が約三億一〇〇〇万人、国土面積が約九六三万平方キロメートル、人口密度が約三〇人（二〇一二年）です。

当時、帝国の総人口のうち一五パーセントほど、数にして約五〇〇万〜七〇〇万人が都市に暮らしていました。アウグストゥス帝時代の首都ローマの人口は約八〇万人で、イタリア半島の全人口のおよそ一〇パーセントが首都に集中していたと推定されています。首都ローマに次ぐ大都市としては、エジプトのアレクサンドリア、シリアのアンティオキア、北アフリカのカルタゴなどがありました。それぞれの都市の正確な人口は不明ですが、最盛期のアレクサンドリアで約五〇万人、その他の都市で二〇万～三〇万人ほどだったと推測されています。もちろん、これほどの人口を擁する大都市は例外的な存在でした。首都ローマの外港として栄えていたオスティアでさえその人口は二～三万人ほどだったので、一般的な地方都市の人口はもっと少なかったでしょう。ちなみに、南イタリアの都市ポンペイの人口が一万人前後でした。ここの円形闘技場は近隣の都市や集落の住民も利用していたので、ポンペイはその近辺では中心的な都市だったのではないかと思われます。

都市民の消費を支える生産地としての農村が都市の周辺には点在し、少なくとも五〇〇万～七〇〇万人ほどの者がそういった都市近郊の農村で暮らし、生産物を都市で売って生計をたてていました。しかしながら、

東方ギリシア語圏

	人口(人)	人口密度(／km²)
ギリシア	2,800,000	10.5
アナトリア	8,200,000	15.0
シリア	4,300,000	39.4
キプロス	200,000	21.2
エジプト	4,500,000	160.7
リビア	400,000	26.7
計	20,400,000	20.9

西方ラテン語圏

	人口(人)	人口密度(／km²)
イタリア	7,000,000	28.0
シチリア	600,000	23.1
サルディニア・コルシカ	500,000	15.2
マグレブ	3,500,000	8.8
イベリア	5,000,000	8.5
ガリア・ゲルマニア	5,800,000	9.1
ドナウ地方	2,700,000	6.3
計	25,100,000	10.6

表一　14年ころのローマ帝国の人口

このように都市に従属して、市場経済に組み込まれていた農村というものは、農村全体から見れば少数で、ほとんどの農民は、ときおり近在の村や集落と生産物の交換をおこなうこともありましたが、たいていは自給自足の生活をおくっていたと思われます。

アウグストゥス帝が没してから一五〇年後、一般にローマの最盛期とされる五賢帝時代ころの人口は、表二にあるように、東方ギリシア語圏で二三一〇万人、西方ラテン語圏で三八二〇万人の計六一三〇万人、人口密度は平均して一五・九人ほどだったと考えられています。つまり、この一五〇年間にローマ帝国は、年にして〇・五パーセントほどの比率で緩やかにその人口を増やしていったといえるでしょう。

ある研究者の算定によれば、二世紀半ばころの地球の全人口は三億人ほどで、その二〇パーセントにあたる六〇〇〇万人がローマ帝国内に居住していたといいます。同じころ、漢帝国の人口がおよそ六〇〇〇万人だったと報告されていますので、当時の地球人口の半分近くが、ローマ帝国と漢帝国に集中していたことになります。

人の流れ

アウグストゥス帝時代の人口（表一）とマルクス＝アウレリウス帝時代の人口（表二）を比べてみると、この一五〇年間で帝国東部が一二・三パーセントほど人口を増やしているのに対して、帝国西部は四二・二パーセント、つまり東部の三倍のペースで人口を増やしていることがわかります。ここから、帝国の東部から西部への大規模な人の流れが存在したということを読み取ることができるでしょう。

こうした人の流れは、強制的なものと自発的なものの二つを想定することができます。強制的な人の流れとしては、まず、戦争捕虜が考えられます。ローマが大規模かつ継続的に征服戦争をおこなっていた共和政後期には、大量の戦争捕虜が奴隷としてイタリアに

東方ギリシア語圏

	人口（人）	人口密度（／㎢）
ギリシア	3,000,000	11.2
アナトリア	9,200,000	16.8
シリア	4,800,000	44.0
キプロス	200,000	21.2
エジプト	5,000,000	178.6
リビア	600,000	40.0
その他	200,000	－
計	23,100,000	23.5

西方ラテン語圏

	人口（人）	人口密度（／㎢）
イタリア	7,600,000	30.4
シチリア	600,000	23.1
サルディニア・コルシカ	500,000	15.2
マグレブ	6,500,000	16.3
イベリア	7,500,000	12.7
ガリア・ゲルマニア	9,000,000	14.2
ドナウ地方	4,000,000	9.3
その他	2,500,000	－
計	38,200,000	15.1

表二　164年ころのローマ帝国の人口

もたらされていました。

具体的な数が伝えられている事例だけでも、前二五六年にアフリカから二万人、前二五四年にシチリア島のパノルモスから一万三〇〇〇人、前二〇九年に南イタリアのタレントゥムから三万人、前一九七年にマケドニアから五〇〇〇人、前一七七年にはイリュリアから五〇〇〇人、サルディニア島から八万人、前一六七年にエペイロスから一五万人、前一四六年にカルタゴから五万人の戦争捕虜がもたらされたといいます。

大規模な征服戦争が止んだ「ローマの平和」の時期にあっても、ひとたび大規模な戦争が勃発《ぼっぱつ》すると、戦争捕虜の数は飛躍的に増大しました。たとえば、トラヤヌス帝によるダキア戦争では、(数値自体は明らかに誇張ですが)五〇万人以上の戦争捕虜がもたらされたといいます。また、七〇年のユダヤの反乱を鎮圧したときには九万七〇〇〇人が奴隷とされ、一三五年の第二回ユダヤ戦争の終結時には奴隷市場が供給過剰に陥ったと伝えられています。

このように、平和を謳歌《おうか》したとされている元首政期においても、大規模な戦争が全くなくなったというわけではなく、また、国境付近での外敵との小競り合いはなおも続いていたので、毎年一万～一万五〇〇〇人ほどの人々が戦争捕虜として帝国内にもたらされていたと考えられています。

戦争捕虜の他に、奴隷市場を通じて売買されていた奴隷もいました。ある研究者の算定によれば、元首政期の奴隷市場で取引されていた奴隷の数は、平均して年間二万人ほどで、その七〇パーセント以上が帝国西部で取引されていたそうです。

自発的な人の流れとしては、移民が想定できます。厳格な出入国審査やパスポートのなかった時代であり、単一民族で構成されていた世界ではなかったので、国境線を挟んだ人の動きをコントロールすることは、事実上不可能でした。このため、国境付近では、ローマ帝国の繁栄に誘われて、帝国内に流入してくる移民が絶えず発生していたことでしょう。

また、国家が主導して、移民の受け入れをおこなう事例も少なくありませんでした。アウグストゥス帝は、帝国北東部の国境付近で外民族の帝国内定住を認めています。五〇年にはクラウディウス帝がスエビ族のパンノニア（ハンガリーのあたり）への定住を認め、五七年にはモエシア（ドナウ川下流の南岸域）総督が少なくとも一〇万人のゲルマン部族の移民を受け入れています。そののち一世紀ほどの間は、帝国は移民の受け入れに消極的でしたが、マルクス＝アウレリウス帝が再び大規模な移民受け入れを開始し、一七五年にはマルコマンニ族の定住に力を注いでいます。

人口の少ない過疎地に外民族を受け入れて定住させる政策は、そののちの皇帝たちにも受け継がれていったので、帝政時代全期を通じて、国境を挟んでの人の移動は概して活発におこなわれていたといえるでしょう。

この他にも、仕事を求めてギリシアからローマへとやって来た教師や医者、パトロンを探しにやって来た哲学者、より大きなビジネスチャンスを求めて移住してきた商人など、さまざまな目的や動機で帝国西部に移り住んだ者もいたでしょう。このように、東から西へと自発的に移住してきた者の数は、平均して年間およそ二万人ほどだったと見積もられています。

こうした移住の波は、帝国西部で出土した墓碑にその痕跡《こんせき》を留《とど》めています。ギリシア語系の名前をもった東方出身の商人や知識人、そしてとりわけ奴隷や被解放自由人たちが、ラテン語が話されていた帝国西部地域に多数の墓碑を残しているのです。

このように、共和政後期から元首政期にかけての人の動きは、帝国の東から西へ向かう流れが一般的であったといえます。二世紀はじめの諷刺詩人《ふうし》ユウェナリスは、東方出身者で溢《あふ》れかえるローマの街の様子を、舌鋒《ぜっぽう》鋭く非難しています。

私は……ギリシアの都も同然のローマに我慢ができないのだ。……もうとっくの昔にシリアのオロンテス河は（ローマの）ティベリス河に流れ入り、それとともに、言葉を、風俗を、笛吹きと一緒に歪《ゆが》んだ音階を、それに異国の民の太鼓ももたらした。大競技場には春を売るのを命じられた女の子たちをもたらした。色のついた異国のターバンをまいた異国の売春婦を喜ぶような手合いはみな失《う》せるがいい。……こいつらは皆、世界中のあらゆるところからやって来た。シキュオンやアミュドンを後にし、アンドロスやサモスやトラッレスやアラバンダを捨てて、エスクィリヌス丘や柳の枝に名を因《ちな》む丘（＝ウィミナリス丘）を目指し、大家の側人、未来の主人になろうとしてる。……あいつらはどんな人間にでもなって、我々の所にやって来るのだ。文法教師、修辞学者、幾何学者、絵描き、格闘技のトレーナー、占い師に綱渡り芸人、医者に魔術師。ギリシア野郎は腹がひもじけりゃ何だって知っておる。（『サトゥラエ』三・五八〜八〇）

ユウェナリスが列挙している都市（シキュオンやアミュドン等々）は、いずれも帝国東部のギリシアや小アジア（現トルコ）にあった都市です。東方から首都ローマへと自発的にやってきた、あるいは強制的に連れてこられた「ギリシア野郎」たちが、さまざまな職種で活躍し、金持ちにとりいっている情況を、ユウェナリスは嘆いているのです。

ローマ文化に対するギリシア文化の圧倒的影響の様を指して、前一世紀後半の詩人ホラティウスは「征服されたギリシア人が猛きローマ人を征服した」と表現しましたが、こうした情況は、ひとり文化の領域のみならず、職場や家庭といった日常風景のなかにおいても、現実のものとなっていたようです。

第2章　身分と社会

人の種別

私も含めて多くの人が、「ローマ人」という表現を無造作に用いていますが、そもそも誰を指してそう呼ぶのでしょうか。

私たちは、日本人といえば、頭のなかで漠然と（しかも不正確に）日本民族や大和《やまと》民族を思い浮かべて、日本を単一民族の国家と考えてしまいがちですが、日本人という単一民族が存在しないように（あるいはアメリカ人という単一民族が存在しないように）、そもそも民族としてのローマ人なるものも存在しませんでした。

五賢帝時代に最大となったローマ帝国の版図内には、今のヨーロッパだけでなく、北アフリカや中近東も含まれていたわけですから、帝国領内にはさまざまな民族や人種が暮らしていました。言うなればローマ帝国は多民族国家であり、髪や瞳《ひとみ》、肌の色もさまざまで、生活習慣や宗教、言語などもまたさまざまでした。したがって、少なくとも見た目で「典型的なローマ人」というものを想定することはできません。

このことは、ローマ皇帝の姿形ひとつをとってみても明らかで、たとえば、カエサルの瞳の色は鋭い焦げ茶色、ネロ帝の瞳は青色、アウグストゥス帝の髪の色は淡い金髪で、クラウディウス帝は銀髪、ネロ帝は亜麻色の髪だったそうです。

肌の色については、紀元二世紀末に帝位を争ったペスケンニウス＝ニゲル、セプティミウス＝セウェルス、クロディウス＝アルビヌスをめぐる逸話が印象的です。内戦で帝国が危機的情況に陥ったとき、デルフォイの神官がアポロン神に誰が皇帝に相応《ふさわ》しいかを伺ったところ、「最もよいのは黒い人、普通によいのはアフリカ人、最悪なのは白い人」という神託が下ったそうです（「ペスケンニウス＝ニゲル伝」八）。

クロディウスは、北アフリカのチュニジアの出身ながら、肌が白かったためにアルビヌス（ラテン語で白色を意味し、アルビノの語源）の名を得たそうです。ペスケンニウスはイタリアの生まれでしたが、その一族は北アフリカのムーア人の血をひき肌が浅黒かったので、アルビヌスに対抗してニゲル（ラテン語で黒色を意味し、ニグロの語源）を名のったと言われています。同じアフリカ系でも、肌の色が違っていたのです。ちなみに、セプティミウス＝セウェルスもまた北アフリカのリビア出身で、つまり、このときは三人のアフリカ人が帝位を争ったわけです。そして、内戦に勝利したセプティミウスがセウェルス朝を開きますが、彼の父親は北アフリカ人で、母親はイタリアの名家出身、彼の妻ユリア＝ドムナはシリア人だったので、この王朝はまさに多民族国家ローマを体現するハイブリッドな一族だったのです。

ちなみに、ローマ人の身長については、二〇〇〇年前のナポリ近郊で暮らしていた人々(男性一六三～一六九、女性一五一～一五五センチメートル)と今のナポリっ子の平均身長(男性一六四、女性一五二センチメートル)にあまり差がないことから、当時帝国内に住んでいた人々と、かつて帝国があった地域にいま暮らしている人々とのあいだに、それほどの体格差はないのではないかと考えることも可能かもしれません。むろん、昔と今とでは栄養事情による体格差があったはずですが、そのあたりはよくわかっていません。

このように、ローマ帝国は多民族国家だったので、「ローマ人」という表現は、わかるようで実はよくわからないしろものなのです。いったいローマ人とは誰のことをいうのでしょうか。本章では、この問題を考えてみたいと思います。

ローマ法は、人をさまざまに区別し序列化して、それに応じた権利と義務を定めていました。つまり、ローマ世界は身分制社会だったのです。ローマ社会の身分構成は非常に複雑でしたが、ローマ法が定める身分を大まかにまとめると、以下のようになります。

1、男であれ女であれ、人はすべて、自由人か奴隷か、のどちらかである。
2、自由人は、生来自由人か被解放自由人か、のどちらかである。
3、自由人はまた、ローマ市民かラテン人か外人か、のいずれかである。
4、ローマ市民は、自権者か他権者か、のどちらかである。

念のため、わかりにくい言葉を簡単に説明しておきましょう。生来自由人というのは、生まれたときから自由身分だった者のことで、被解放自由人は、奴隷身分から解放されて自由身分となった者（解放奴隷）のことです。他権者とは、自分以外の誰かの権力（たとえば家父長権）に服しているローマ市民のことで、自権者は、誰の権力にも服していないローマ市民のことです。

ラテン人については長い込み入った前史があるので、少々説明が必要でしょう。ローマを含むイタリア中部の一帯はLatium《ラティウム》と呼ばれていて、そこに住む人々がLatini《ラティニ》と呼ばれていました（ちなみに、日本語では、前者をラティウム地方、後者をラテン人と訳すのが慣例）。ラテン人は、はるか昔からローマと関係深い間柄だったので、ローマはラテン人を一般の外人よりも上位に位置づけ、さまざまな特権（ローマ法の保護のもとで財産を所有したり、契約を結んだり、遺言を作成する権利など）を与えました。

のちに、こうした特権はラテン権と呼ばれるようになり、ローマは、ラテン人以外の外人にもラテン権を与えるようになりました。その結果、特定民族としてのラテン人というのはもはや意味をなさなくなり、ラテン権を付与された法的地位としてのラテン人となったのでした。

帝政期になると、さらにユニウス・ラテン人という新たな身分類型が設けられました。共和政末期ころになると、ローマによる征服戦争の結果、奴隷の数が増加し、それにつれて解放される奴隷の数も急増しました。

ローマでは、解放された奴隷（被解放自由人）はローマ市民になることができたので、結果、ローマ市民団の枠組みが野放図に緩み、人の身分確定が困難となってしまいました。

そこで、アウグストゥス帝は、奴隷解放をおこなう際の条件を厳しくして、奴隷が解放されてローマ市民となることに一定の歯止めをかけようとしました。かくして一九年（年代については異説もある）にはユニウス・ノルバヌス法が、三〇歳未満で解放されたり、いい加減な手続きで解放された奴隷は、ローマ市民ではなくユニウス・ラテン人となると定めるに至ったのです。

ユニウス・ラテン人は被解放自由人であり、ラテン人と同様の権利を認められていましたが、ただし、遺言を作成する権利は認められていませんでした。つまり、ユニウス・ラテン人は、せっかくこつこつと貯めた財産を、自分の望む相続人（たとえば子供や妻）に遺《のこ》すことができず、結局その財産はかつて自分が奴隷として仕えていたご主人様のものとなっていたのです。

ローマ法は、このような境遇を指して、「ユニウス・ラテン人は生きているあいだは自由人であるが、その最後の息とともにユニウス・ラテン人は命と自由を失う」（『ユスティニアヌスの法学提要』三・七・四）と述べています。実に的確で印象深い定義だと思います。

以上が、ローマ法が定める人の種別ですが、実はこの他にも人を分類する基準がありました。たとえば、兵士か政務官か、既婚か未婚か、子供を何人もつか、元老院議員身分か騎士身分か、あるいはそのいずれでもないか、保護者《パトロヌス》（パトロンの語源）か被保護者《クリエンテス》（クライアントの語源）か、といったような社会慣習上の人の種別です。また、帝国内の各都市には、その都市独自の法が存在していたので、さらに多様な人の種別というものが存在していました。

たとえば、もしも一世紀ころの小アジア（現トルコ）の都市タルソス（キリスト教の伝道者パウロの故郷）にタイムスリップしたならば、そこにはタルソス市民もいればローマ市民もいたでしょう。なかには、パウロのようにタルソス市民権とローマ市民権の両方を持つ者もいたでしょう。あるいは、タルソス市民権を取得するには一定の財産額が必要とされていたので、どこの都市の市民権も持たない自由人もいたはずです。また、別の都市の市民権を持ちながらタルソスに定住する権利を与えられていた居留民もいたでしょう。

今あげた者たちのなかには、生来自由人もいれば被解放自由人もいます。あるいは、都市の政務官や都市参事会員もいました。ローマ市民のなかには自権者もいれば他権者もいたでしょうし、さらには、たくさんの奴隷もいたはずです（ローマ帝国の総人口に占める奴隷人口の比率は、平均すると五〜二〇パーセントほどだったと考えられており、農村部のほうが奴隷の比率は高かったと推測されている）。

このように、ローマ帝国内にはさまざまな身分や法的地位に縛りつけられて生きていた人々がいました。したがって、単に「ローマ人」というだけでは、それがどのような人々のことを指しているのか、実は不分明となってしまうのです。とはいえ、ローマ人という便利な言葉を用いずにローマのことを簡潔に物語ることは困難なので、特に区別の必要がない場合には、ローマ帝国内で住み暮らしていた人々という曖昧な意味で「ローマ人」という表現を、私も使わせていただきます。

身分証明

タルソスの町の真ん中に佇んで（別にタルソスに限った話ではありませんが）、そこを行き交う人々を見渡して思うことは、人種や民族による区別や差別はほとんど存在していなかったということでしょう。

その身なりで、金持ちと貧乏人の区別くらいはつきます。ご立派にもトガ（第18章参照）を身につけているあの人はローマ市民で都市の政務官かもしれない、青銅の首輪で縛《いまし》められているあいつは奴隷にちがいない、と見当をつけることはできたでしょう。けれども、いかにもお大尽風に見える者のなかには、成り上がりの被解放自由人もいたし、列柱の陰で物乞《ものご》いする者のなかには、零落した生来自由人もいたので、その人物が被解放自由人なのか、ユニウス・ラテン人なのか、あるいは自権者なのか他権者なのか、といったような区別は、なかなかつけられないというのが現実でした。

ごく普通に日常生活を送っている分には、被解放自由人だとかユニウス・ラテン人といったような煩瑣《はんさ》な区別は意味をなさなかったでしょう。しかし、裁判沙汰《ざた》にまきこまれたり、遺産相続に関わったり、結婚する運びとなったときには、にわかに重要な意味を帯びてきました。ローマ法は、身分や法的地位に応じて、権利や義務を詳細に定めていたからです。では、このような身分制社会で生きていた人々は、どうやって自分の身分や法的地位を証明していたのでしょうか。

共和政期においては、ローマ市民は、五年ごとにおこなわれていた戸口調査《ケンスス》をうけることによって、市民名簿に氏名や家族関係、財産額などを登録されていました。したがって、その写しを取得し提示すれば、自分がローマ市民であることを証明できました。

しかし、帝政期になるとイタリアではほとんど戸口調査がおこなわれなくなりました。また、属州でおこなわれていた戸口調査も不定期で、一〇年以上も間隔が空くこともあったので、別の証明書が必要とされたことでしょう。おそらく、この戸口調査に代わるものが出生届だったと思われます。ローマではじめて出生届が制度化されたのは、アウグストゥス帝時代のことでした。帝が、ローマ市民数の増加を図り、子を多くもうけた親に特権を与えることを決め、同時に、ローマ市民団の再編成を目指して、二〇歳以上のローマ市民にのみ正式に奴隷解放することを認めたため、必然的に出生届の制度化が必要となったのでした。

金持ちの未亡人プデンティッラと結婚したことを恨まれて、あらぬ嫌疑で訴えられたアプレイウス（二世紀半ばのカルタゴの文人）は、自らを弁護するなかで、出生届についてこう述べています。

> プデンティッラの年齢について、君は自信たっぷりと、けれど誤ってこう断言している。私は、彼女が六〇歳のときに結婚した、と。それについて私は、簡潔にお答えしよう。明白なことを長々と弁ずる必要はないからだ。彼女の父親は、みながそうするように、

彼女の出生申告をおこなった。その出生記録は、公共文書館にも保管されているし、一族の屋敷にも保管されている。そして、ほら、いま君の鼻先にあるではないか。

（『弁明』八九）

こうした出生届は、親が、子供の出生後三〇日以内に当局に申告をおこない、当局はその申告に基づいて、特段の調査もなく出生の事実を出生登録簿に記載し、求められれば、その写しを交付していました。ただし、非嫡出子については、マルクス＝アウレリウス帝の時代まで、公式の出生登録簿への記載が認められてはいなかったので、非嫡出子の親たちは私的に証人立会文書を作成していました。ローマ市民は、出生登録簿の写しや証人立会文書を保管し、何か事が生じれば、これらを提示して、自分の身分や年齢などを証明していたのです。

しかし、こうした出生証明書の作成は、あくまでも親の意思に任されていたので、なかには出生届をおこなわなかったり、証人立会文書を作成しなかったりする親もいました。こんな怠け者の親をもった子供たちは、いったいどうなっていたのでしょうか。

この問題については、ナポリ近郊の都市ヘルクラネウムで発見された裁判関係文書が興味深い事例を提供してくれます。ペトロニア＝ユスタという若い女性の身分確定をめぐる訴訟記録です（『ヘルクラネウム文書』一三〜三〇）。もとはといえば、彼女の母親ペトロニア＝ウィタリスが、ガイウス＝ペトロニウス＝ステファヌスとその妻カラトリア＝テミスによって解放された奴隷だったために、このような事態が出来《しゅったい》したのでした。

ここで争点となっているのは、ユスタが、母の解放後に生まれたのか、それとも母の解放前に生まれたのか、です。解放後の場合には、ユスタは非嫡出子で生来自由人身分のローマ市民となり、原告のユスタはそう主張しています。一方、解放前の場合には、ユスタは被解放自由人身分のユニウス・ラテン人となり、被告のテミスはそう主張しています。

もしも、ユスタが自分の出生証明書（彼女は非嫡出子だったので、この場合は証人立会文書）を提示できれば、あるいは逆に、テミスのほうがユスタの奴隷解放証明書を提示できれば、裁判沙汰とはならなかったはずなのですが、両人ともに証拠となる文書を持っていませんでした。そこで、ユスタとテミスは、それぞれの主張を裏付けてくれる証言を集め、裁判に臨むことになったのです。

残念ながら、この裁判がどういう決着をみたのかは、わかっていません。しかし、もしもユスタが敗訴ということになれば、彼女はローマ市民身分からユニウス・ラテン人身分に顚落《てんらく》してしまいます。また、二四年のウィセッリウス法は、被解放自由人が生来自由人身分を騙《かた》ることを禁じたので、ユスタは身分詐称に問われることになります。さらには、奴隷だった者がかつてのご主人様（パトロヌス）を訴えると、濫訴《らんそ》の罪にも問われかねませんでした。

ローマ社会は、法や慣習によってさまざまな身分や地位が設けられていた段差の多い社会だったので、それだけに躓《つまず》きやすい社会でもあったのです。

第3章　首都ローマの人口

首都ローマの人口

第1章でローマ帝国全体の人口についてお話ししましたが、本章では首都ローマの人口についてお話ししたいと思います。

共和政後期から元首政期にかけて、首都ローマの人口はおおよそ表三のように推移したと考えられています。

ローマがイタリア半島をその支配下においた紀元前二七〇年ころまでには、ローマ市の人口はすでに一〇万人ちかくに達していました。そしてそののちも、ローマが地中海世界の征服をすすめるにつれて、首都の人口はどんどん増加し、最盛期の五賢帝時代にはついに一〇〇万人にまで膨れ上がっていました。

ローマの市街地は、六代目の王セルウィウス＝トゥッリウスが築かせたとされる市壁によって、その周囲を囲まれていました。しかし、その後の絶え間ない人口の増加をうけて、旧市街だけでは手狭となり、セルウィウスの市壁をこえて新市街が形成されていきました。

こうして三世紀後半にはアウレリアヌス帝が、セルウィウスの市壁に囲まれた旧市街とその外側の新市街を囲む形で、新しい市壁の建造に着手しました。

このアウレリアヌスの市壁に囲まれたローマの市街地の面積は、古代の一般的な都市の規模からみればかなり大きいものでした。

わかりやすい比較をすると、古代都市ポンペイの市街地を囲む市壁の長さはおよそ三・二キロメートルで、市壁内の面積が六三ヘクタールほど、人口が七〇〇〇～一万二〇〇〇人くらいだったのに対し、アウレリアヌスの市壁の長さはおよそ一八・八キロメートル（ちなみに山手線の一周は約三四・五キロメートル）で、市壁内の面積は一三八六ヘクタールほどでした。つまり元首政期の首都ローマの市街地面積は、ポンペイの約二二倍だったということになります。

もう少し身近な比較をしてみましょう。東京ディズニーランド（東京ディズニーシーは除く）の総面積は七三・五ヘクタールほどで、従業員数は二〇一四年の段階で二万二〇〇〇人ほどなので、ポンペイは、東京ディズニーランドよりもやや狭く、人口も半分ほどだったといえるでしょう。

一方、アウレリアヌスの市壁に囲まれたローマの市街地面積は、東京の墨田区《すみだ》（一三七五ヘクタール）と

年代	人口
前350年ころ	30,000
前300年ころ	60,000
前270年ころ	90,000
前200年ころ	200,000
前130年ころ	375,000
14年ころ	800,000
164年ころ	1,000,000

表三　首都ローマの人口

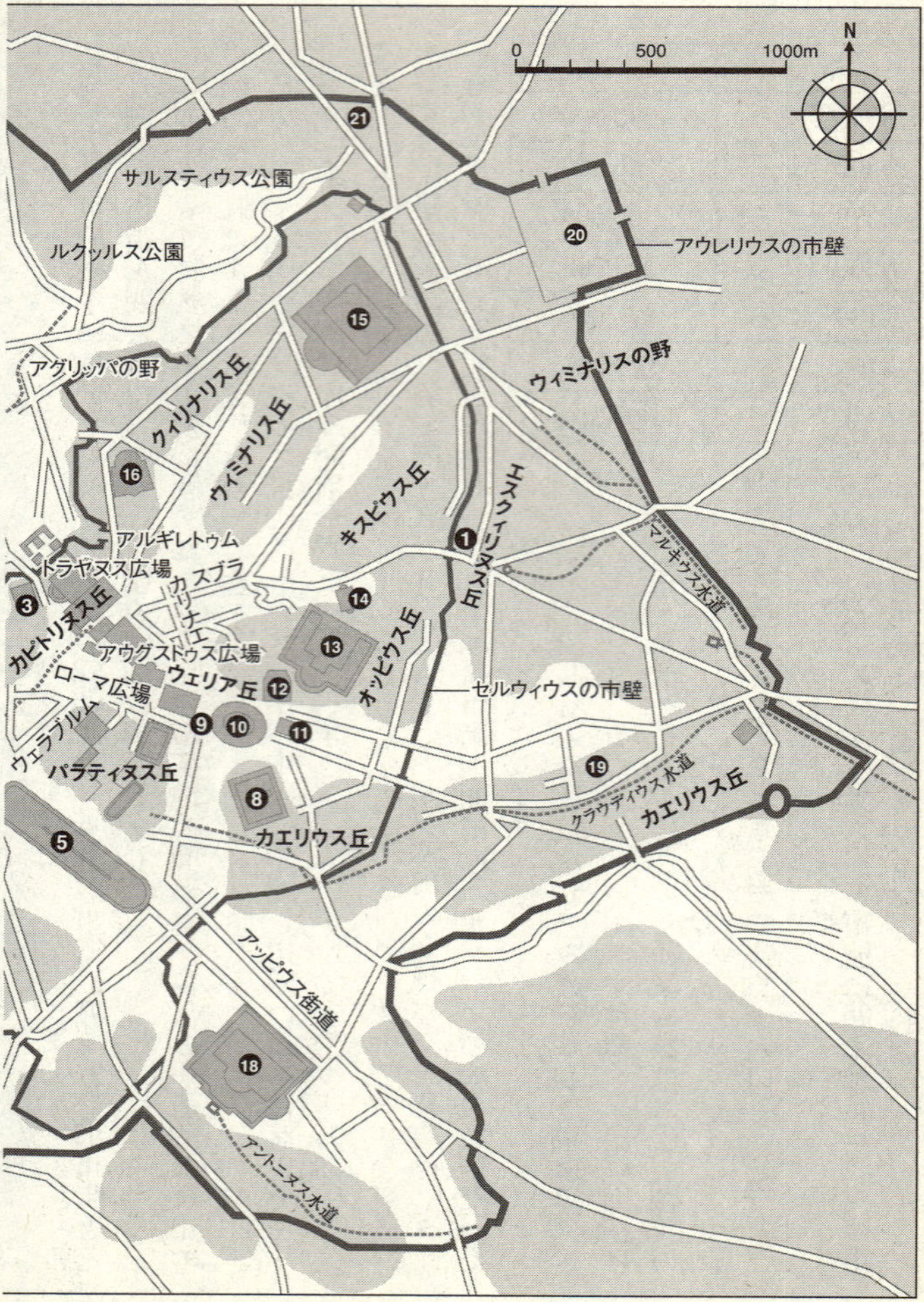
0
500
1000m
N
サルスティウス公園
ルクッルス公園
アウレリウスの市壁
アグリッパの野
クィリナリス丘
ウィミナリス丘
ウィミナリスの野
キスピウス丘
エスクィリヌス丘
アルギレトゥム
トラヤヌス広場
カスブラ
カリナエ
カピトリヌス丘
アウグストゥス広場
オッピウス丘
マルキウス水道
ローマ広場
ウェリア丘
セルウィウスの市壁
ウェラブルム
パラティヌス丘
クラウディウス水道
カエリウス丘
カエリウス丘
アッピウス街道
アントニヌス水道

❶エスクィリナ門
❷ユピテル神殿
❸砦
❹フォルトゥナとマトゥタ=マテル神殿
❺大競技場（キルクス・マクシムス）
❻食糧庁
❼デキウス浴場
❽クラウディウス神殿
❾コンスタンティヌス凱旋門
❿円形闘技場（コロッセウム）
⓫剣闘士養成所
⓬ティトゥス浴場
⓭トラヤヌス浴場
⓮マエケナス庭園と講堂
⓯ディオクレティアヌス浴場
⓰コンスタンティヌス浴場
⓱ガルバ貯蔵庫
⓲カラカッラ浴場
⓳ラミア庭園
⓴近衛兵兵舎
㉑ウェヌス=エリュキナ神殿
㉒アウグストゥス廟
㉓アウグストゥスの日時計
㉔サエプタ・ユリア
㉕アグリッパ浴場
㉖パンテオン
㉗ネロ浴場
㉘ポンペイウス劇場
㉙マルケッルス劇場
㉚ハドリアヌス廟
㉛ガイウスとネロの競走場
※地名はラテン語
ドミティアヌス公園
マルスの野
ウィルゴ水道
アウグストゥスの模擬海戦場
アエスクラピウスの島
アウレリウス街道
牛広場
クロアカ・マクシマ
アウェンティヌス丘
ティベリス川
商業地区
モンテ・テスタッチョ
オスティア街道

ほぼ同じで、山手線の内側の面積の四分の一ほどでした。

ちなみに、二〇一四年の段階で墨田区の人口はおよそ二五・五万人なので、元首政期のローマ市の人口の四分の一から五分の一ほどにすぎなかったわけです。

むろん、一〇〇万人近いローマ市の人口すべてが市街地に住んでいたわけではありません。市壁の外側にも居住地域は拡がっていました。しかし、現代のような高速移動の手段をもたなかった当時においては、市街地からそれほど遠く離れて住み暮らすことはなかったと思われます。とりわけ、大消費都市ローマの経済に依存して生計をたてていた人々は、できるだけ市壁の近くに、可能ならば市壁の内側に暮らしていた、あるいは暮らさざるを得なかったことでしょう。

過密都市ローマ

ローマでは午前中が就業時間帯にあたり、とりわけ午前一一時ころが人混みのピークで、その過密ぶりは東京都心に勝るとも劣らなかったにちがいありません。こうしたローマの街の混雑ぶりを、二世紀はじめの諷刺《ふうし》詩人ユウェナリスは以下のように溜め息まじりにぼやいています。その他大勢の首都住民と同様、ユウェナリスもまた地方の田舎町から夢を求めて上京し、今は大都会の喧噪《けんそう》に辟易《へきえき》している首都住民の一人でした。

ローマでは非常に多くの病人が不眠のために死んでいく。……だって、一体どこの貸間で眠りが許されるだろうか？　都では大きな資力があってはじめて眠れるのだ。そこに病気のはじまりがある。通りの混雑した曲がり角での車の行き交い、動かなくなった牛馬を駆り立てる声は、ドルススやアザラシからさえ眠りを奪うだろう。……我々はいくら急いだところで、前にいる人の波につっかえてしまい、あとから来る群衆はこれまた大勢で腰を押してくるのだ。こっちのやつが肘《ひじ》でけんつくを食わせるかと思えば、こっちの奴は、固い輿《こし》の長柄《ながえ》をぶつけ、こいつは材木を、あいつは油の樽《たる》を私の頭にぶつけてくる。私は泥でベトベトになり、大きな足の裏でじきにあちこちを踏まれ、私の足の指には兵隊靴の鋲《びょう》の痕《あと》がくっついてとれない。

（『サトゥラエ』三・二三二～二四八）

ローマの法律は、日の出から午後四時ころまでは一般車両の市街地への乗り入れを禁じていました。しかし、街路や公共建造物の建設補修のための資材を運んだり、瓦礫《がれき》を片づけたりする車両については通行を認められていたので、公共工事が継続的におこなわれていたローマの市街地では、当然のことながら昼間であっても車の交通量は多かったでしょう。

車の車輪の音や牛馬を駆り立てる罵声《ばせい》にユウェナリスが不平をこぼしているのはこのためです。確かに、こんなにもうるさい都では、緊張みなぎる裁判の場で居眠りしてしまうドルスス（＝クラウディウス帝）でさえも、日がな一日浜辺でまどろむアザラシでさえも、眠ることはとうていできなかったでしょう。

ユウェナリスとほぼ同時期の詩人マルティアリスもまた、一日じゅう止むことのない都の喧噪をこう嘆いています。

貧乏人にとって都には、もの思う場所も休息する場所もないのだよ。朝は学校の先生たちの叱責《しっせき》の声が君を生かしちゃおかないし、夜はパン屋どもが、日中はずっと真鍮《しんちゅう》細工師がうるさい。こっちでは両替屋がネロ帝の貨幣を、汚いテーブルの上で、のんびりジャラジャラさせているし、あっちでは黒光りした棍棒《こんぼう》で、鍛冶《かじ》屋がすりへらされた石をたたいて、ヒスパニアの金を取ろうとしている。ベロナ女神に仕える狂信的な輩《やから》は、いっかな騒ぎをやめようとせず、難破船の水夫は身体に故障のある乞食《こじき》となって、おしゃべりをやめない。母親から物乞いを教わったユダヤ人もうるさいし、硫黄《いおう》くさい商品で眼のかすんだ商人もいる。ゆったりした眠りを妨げるものを数えあげられる人は、欠けた月が魔女どもの輪で打たれる数を言えるだろう。（『エピグランマタ』一二・五七）

ローマの街では午後二時ころになると、物売りや客の姿も徐々に少なくなり、いっときの静けさが市場や広場にも戻ってきました。詩人のホラティウスはときおり、こうした午後のまどろみのなか、広場に散歩に出て、いびきや遊ぶ子供の声、田舎から出てきた観光客たちの素朴な会話に耳を貸しながら、霊感の訪れを待っていたといいます。

しかし、その静けさもいっときにすぎませんでした。日が暮れるのを待ちかまえていた御者たちが、乗客を求めて一斉に車を市街地へ乗り入れ始めます。夜が更けて月が照ると、昼間の憂さを晴らそうと、ここぞとばかりに酔客たちが馬鹿騒ぎを始めました。月が欠ければ欠けたで今度は、世間で魔女と信じられていた女たちが、糸の先に菱形《ひしがた》の板を取り付けたロンブスという呪術具《じゅじゅつぐ》を空中で振り回し、ブゥーンブゥーンと不快な音を響かせて、妖《あや》しげな術を始めだす始末です。このように、ローマの都は一日中、人と音とで溢《あふ》れかえった何とも騒々しい街だったのです。

ああ、田園よ

大都会の人混みと喧噪に巻き込まれてそこに暮らす人々は、寄る辺なき精神的迷子になってしまうものです。一世紀前半の哲学者セネカは、そうした都会の浮游民のライフスタイルを「せわしない退屈」と憐《あわ》れみつつ、こう批判しています。

実に多くの者たちが、家々や劇場、市場のあたりをぶらついている。彼らは、他人がやるべきことに我が身を捧《ささ》げ、いつも忙しそうに何かをやっているように見える。……やると決めた用件ではなく、偶然出くわす用件を探し求める者たちは、目的もなく彷徨《さまよ》うばかりである。……火事場へ急ぐかのように慌てふためいている者たちを目にしたならば、同情してあげなさい。……彼らは、挨拶《あいさつ》を返してくれない人にでも挨拶し、見ず知らずの他人の葬式に顔を出し、法廷の常連となっている誰かの判決を聞きに出かけ、何度も結婚を繰り返している誰かの婚約式に顔を出すために、走り回っているのだ。
(『魂の慰めについて』一二・二〜四)

二世紀はじめの小プリニウスも、このような虚《むな》しい生活を送るくらいなら、何もしないほうがましなくらいだと断じ、都の喧噪のなかを空しく奔走して、多くの骨折り損の労苦に時間を割くのは後回しにして、機会を見つけ次第早々に田舎の別荘に逃避して、勉学と閑暇に身を委《ゆだ》ねなさい、と後輩に助言しています。閑暇と静謐《せいひつ》が保証された田舎では、「いかなる期待にもいかなる不安にも惑わされず、いかなる噂話にも惑わされず、ただ私とのみ対話し、本と話す」ことができる、「誠に真実にして純粋な生活」を送ることができる、と小プリニウスは信じていました(『書簡集』一・九)。そして実際に、暇を見つけては自ら馬を駆り、あるいは二頭立ての馬車を仕立てて、ローマ近郊のラウレントゥムの別荘に通い、命の洗濯をしていました。

私も都会の真ん中に住み暮らす身なので、セネカや小プリニウスの批評は他人事《ひとごと》ではないし、その助言も心に沁《し》みます。しかし、セネカも小プリニウスも、働く必要のない上流階級の人間であり、郊外に別荘を持つ金持ちでした。そこが、私や多くのローマ人とちがうところです。助言に耳を傾けることはできても、それを実行に移すことはできません。「ああ、田園よ。私はいつになったら、おまえを眺められるのか」(『諷刺詩』二・六)というホラティウスの半ば自棄《やけ》気味の歌は、当時の庶民の声を代弁したものだったにちがいありません。

四世紀の史料によれば、当時八つの大きな公園が市民に憩いの場を提供していたそうですが、そもそもこれだけの緑地では、一〇〇万近い首都住民の需要にはとうてい応《こた》えられなかったでしょう。アウグストゥス帝時代の国民的詩人であったウェルギリウスをはじめとして、多くのローマの詩人たちが農耕詩や牧歌を書いて人気を博していたという事実に、田園生活への憧《あこが》れと都会生活への嫌厭《けんえん》の両方をひしひしと感じてしまいます。

第4章　ローマの住宅事情

ローマの街のように人口の多い都市では、土地価格の高騰と住宅の高層化を生じさせていたことでしょう。

アウグストゥス帝時代の歴史家リウィウスが伝えるところによれば、紀元前二一八年の冬からその翌年にかけてのローマでは、ハンニバルのイタリア侵入を予兆する不吉な現象が数多く見られたといいます。その一つに、市場から逃げ出した牛が誰かに追われるでもなく独りでに、川沿いのアパートに登って、三階から飛び降りたという珍事が起こりました。このエピソードは、当時のローマの街に、三階もしくはそれ以上の階数のアパートが存在していたことを教えてくれます。

首都大衆の住まい

首都の人口は、前二〇〇年ころが約二〇万人で、その後も着実に増加していったので、こうしたアパートもその数を増やしていったはずです。それから四〇〇年後の弁論家アリスティデスは、首都の人々がすべて一階建ての住居に住んだとしたら、首都の面積はアドリア海まで達してしまうだろうと述べています。一〇〇万を超す人口を抱えたローマの街は、上へ上へと伸びていかざるを得なかったのです。

カエサルの時代、首都ローマで部屋を借りると、つましい部屋でも平均で年に二〇〇〇セステルティウスをとられていました。これがちょっとした一軒家ともなれば、年間に三万セステルティウスもの家賃をとられたそうです。

セステルティウスを円に換算するのは、同じ物でも価値が今と昔とでは異なりますし、円相場によっても変動するので、とても難しいのですが、古代ローマと日本における小麦の価格を比較して単純計算してみると、一セステルティウスは四〇〇円くらいでしょうか。そうすると、二〇〇〇セステルティウスは八〇万円、三万セステルティウスは一二〇〇万円になり、とてもではないですが、庶民が一軒家を借りて住むことは不可能でした。

このように家賃の高かったローマでは、不動産業は儲《もう》けのでる業種でした。事実、年に三万セステルティウスで一括借り上げしたアパートを四万セステルティウスで又貸しして利益をあげていた事例などが知られています。目の付け所は今も昔もあまり変わらなかったようです。

一世紀末ころには、ローマの街で薄暗い屋根裏部屋を一年借りる家賃で、ローマ郊外に極上の家が買えたといいますから、人口の多い都市部ではとにかく住居費が庶民の生活を圧迫していました。このため庶民は、汚くて狭いアパートに住まざるを得なかったのです。

この当時ある程度は名の知られていた諷刺《ふうし》詩人のマルティアリスでさえ、こうしたアパ

インスラの復元模型と復元図

ートの住人の一人で、クィリナリス丘の《梨の木》と呼ばれていた地域にあるアパートの三階（かれ曰《いわ》く「屋根裏部屋」）に住んでいました。ただし、そののち幸運にも、彼の詩がベストセラーになったらしく、またティトゥス帝ら有力者の贔屓《ひいき》もあって、クィリナリス丘の西側斜面に小さな家とローマ郊外に小さな畑を購入することができたようです。

マルティアリスのような幸運に恵まれれば話は別ですが、一般の庶民は終生アパート住まいがふつうでした。こうしてローマでは、どんどんと増えていく首都人口を収容するためにアパートがさかんに建てられるようになり、帝政期には、五、六階建てのアパートも見られるようになりました。このような高層アパートが、六棟から八棟ほども密集して一つの街区内に建てられて、街区のほとんどが占領されていた貧民街は、その街区自体がこんもりと盛り上がった島のような景観を呈していたことでしょう。ローマの市街地に櫛比《しっぴ》するアパートが、ラテン語で「島」を意味するinsula《インスラ》と呼ばれることがあったのは、このためです。

ちなみに、四世紀はじめの史料によれば、ローマの街には一戸建て住宅が一七九七軒、アパートが四万六六〇二棟あったそうです。つまり、一戸建ての二六倍の数のアパートが建設され、多くの庶民がそこに暮らしていたのです。

細い柱で支えられた都

「ノウィウスは私の隣人で、うちの窓から手を伸ばせば届くほどだ」とマルティアリスが自嘲《じちょう》しているように（『エピグランマタ』一・八六）、土地不足の産物であるアパートは、たいてい隣の建物と接するように建てられていました。また、スペース節約のために階段は急勾配《こうばい》で、トイレも水道施設も上階まではほとんど整えられていませんでした。

こうした不便さに加えて、燃えやすい木と脆《もろ》いレンガで建造されていたアパートには、火事や崩落の危険もありました。このため、古代ローマのアパートは上層階ほど賃料も安く、貧しい者ほど上へ上へと追いたてられていました。日本の高層マンションとはちょうど逆の現象が、ローマでは見られたのです。

二世紀はじめの諷刺詩人ユウェナリスは、こうしたアパートにつきものの危険について、次のように描写しています。

　われらは、その大部分が細い柱で支えられた都に住んでいる。なにしろ、見回りに来る家主の執事は、まさにそのような怪しげな柱で家の崩壊を防ぎ、古い壁の隙間が口を開けているのを取り繕っておいて、今まさに崩れようとしている家で安心して眠るようにと言うのだ。火事の一つもない、夜に慌てて起こされる心配のないところに住まねばならぬ。……もし一階から火が出れば、屋根一枚で雨露をしのぎ、鳩がのんびり卵を生んでいるような最上階の人は必ず焼け死ぬのだから。（『サトゥラエ』三・一九三〜一九六）

こうした高層アパートに固有の危険は、住人だけが独り占めしていたわけではありませんでした。下水道設備やダスト・シュートなどなかったので（ごく少数だが、ポンペイやオスティアのアパートでは、階上から下水路までパイプを通している事例が見られる）、上層階のマナーの悪い住人はゴミや糞尿《ふんにょう》を窓から投げ捨てることもありました。液体や柔らかいものならばまだしも、壺《つぼ》や皿などの硬い物体なども高層階から落下してくるのですから、通行人は窓の下をおちおち歩けもしなかったでしょう。

崩落や落下物の危険に鑑《かんが》みて、アウグストゥス帝は建物の高さを二〇メートル以下に、さらにトラヤヌス帝は一八メートル以下に制限しましたが、それでも人の命を奪うには十分な高さでした。ユウェナリスは、こうした落下物の危険についても警告しています。

夜の危険を考えてもみたまえ。ひびの入った壺とか壊れた壺とかが窓から落ちてくるたびに、その壺で頭蓋骨《ずがいこつ》を怪我させるに十分な最上階の高さを。どれほど凄《すさ》まじい衝撃で道路の石に傷がつくかを。だから、もし遺言書を作らずに夕食に招かれていくなら、突発的な災厄に備えのないのんびり屋だと思われても仕方あるまい。その晩、君が通り過ぎる窓が寝もやらず開いている数だけ、死の運命があるわけなのだ。窓のなかの人びとが壺の中身だけを捨ててくれることで満足してほしいと願い、その哀れな願いを持ち歩く他ないのであろう。（同三・二六八〜二七七）

ローマ法も、アパート上層階からの落下物による事故をめぐって、しばしば議論を展開しています。

落下物によって自由人の身体が傷つけられたときには、治療にかかった諸経費に加えて、その間の生活費の補塡《ほてん》も加害者側の住人に命じています。また、運悪く死亡してしまった場合には、被害者の相続人は五〇〇〇セステルティウスの損害賠償を、加害者の住人に対して請求できました。ただし、落下物による怪我がもとで傷が残ったり身体に障害が残っても、それは補償の対象とはなりませんでした。なぜなら「自由人の身体には値段がつけられないから」だそうです（『学説彙纂《いさん》』九・三・五・七）。

軽傷ですまないならば、いっそのこと命を奪ってくれたほうがまだましだ、と人々に思わせてしまうようなルールがまかり通っていました。やはりユウェナリスが助言しているように、自分の身は自分で守るよう努めるか、あとは神頼みしかなかったようです。

金持ちの住まい

都市大衆が狭くて危険なアパートを住まいとしていたのに対して、金持ちたちは、ドムス（domus）と呼ばれる快適で広々とした一戸建てに暮らしていました。

ローマ時代の一戸建て住宅の特色は、現代の邸宅が窓を通じて外側に向かって開放されているのに対して、ローマの邸宅の場合には外に面して窓が設けられることはほとんどなく、その代わりに、屋内に設けられた開放空間を通じて外気と日光を採り入れる構造、つまり内側に向かって開かれた建築プランをもっていました。

屋内に設けられた開放空間とは、一つはアトリウム（atrium）と呼ばれる玄関広間で、もう一つはペリステュリウム（peristylium）と呼ばれる列柱廊付きの中庭でした。玄関広間の天井中央部には天窓が開き、列柱廊付き中庭には屋根がありませんでした。各部屋は、開放空間である玄関広間と列柱廊付き中庭の周囲に配され、そこから外気と日光を採り入れていたのです。

ちなみに、アパートの場合には、玄関広間や列柱廊付き中庭のための十分な空間を確保できないことが多かったため、外気と日光を採り入れるための窓が外壁に設けられていました。こちらはいわば外側に向かって開かれた建築プランでした。

ポンペイに残る一戸建て住宅を見ると、玄関広間のみの家、玄関広間と列柱廊付き中庭の両方をそなえた家、両方を複数そなえた家などさまざまです。これは、家主の財力や趣味に応じていたのでしょう。

アパートの場合、住人一人あたりで占有できる部屋面積には限りがあったので、各部屋の用途が特化されるようなことはありませんでしたが、一戸建て住宅の場合には、客人の

アトリウム型のドムス

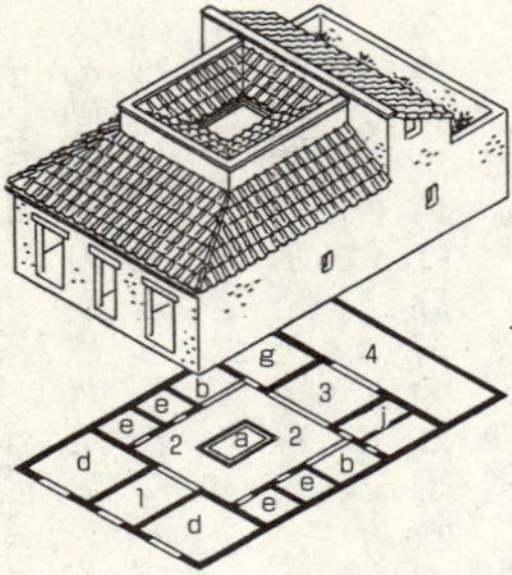

ペリステュリウム型のドムス

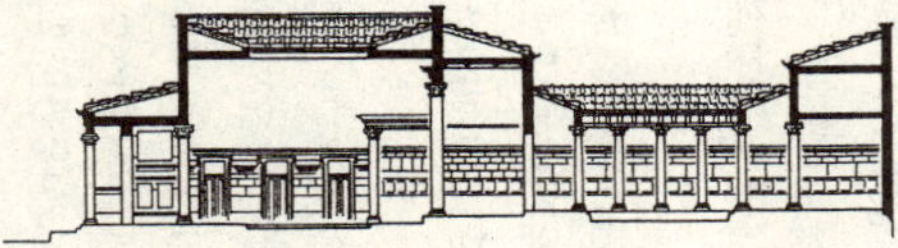

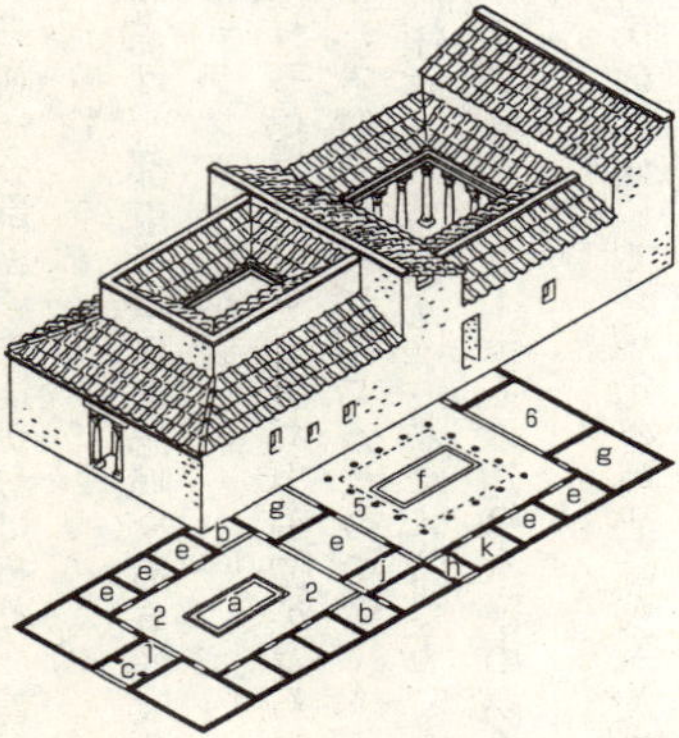

a. 雨溜め
b. 翼室
c. 玄関
d. 店舗
e. 寝室
f. 池
g. 食堂
h. 裏口
j. 廊下
k. 台所

1. 玄関通路
2. 玄関広間
3. 書斎
4. 裏庭
5. 列柱廊つき中庭
6. 応接間

ドムスの復元図

応接と家宝の陳列のための玄関広間、寝室（cubiculum《クビクルム》）、寝そべって食事をするための部屋（triclinium《トリクリニウム》）、書斎（tablinum《タブリヌム》）といった具合に、各部屋の用途がわけられ、贅沢《ぜいたく》なスペースの使われ方がされていました。

外側に対して閉じられた構造の一戸建て住宅は、都市の喧噪《けんそう》と危険をある程度までは遮断することができたでしょう。部屋の壁にはカラフルな絵が描かれ、中庭には巧みに設計された噴水や水路が配され、美しく咲きこぼれる花々のなかで魚や小動物が遊んでいました。その一画は、まさに大都会のなかのオアシスの役を果たしていたのです。

金持ちたちは都市内に屋敷を構えていただけでなく、郊外や田舎にも別荘（villa《ウイッラ》）を所有していました。贅沢の限りを尽くした豪華な別荘は、ローマ人の建築水準の高さと好みを教えてくれます。

二世紀はじめの小プリニウスもそうした別荘を所有していた元老院議員の一人で、友人に宛てた手紙のなかで、いくつか所有する別荘の一つ、ローマ郊外のラウレントゥムにある海辺の別荘のことを長々と（おそらく自慢したくてしょうがなかったのだろう）紹介しています（『書簡集』二・一七）。

まず、玄関広間を抜けると、列柱廊が中庭をD字形に囲んだ開放空間があり、この中庭に面して居心地のよい広間がありました。広間をさらに奥へ進むと、ガラス戸で三方を囲まれ、海を眺望できる大きな食堂（この他に少なくとも三つの食堂）がありました。さらに、朝日と夕日の両方を眺めることのできる部屋、日向《ひなた》ぼっこのできるサンルーム、半円形をした図書室、いくつかの居間と寝室、球戯場、見晴らし塔が二つ、ワインと穀物の貯蔵庫、奴隷や被解放自由人のための部屋などがありました。

D字形の中庭近くには浴場施設がありました。半円形の冷水槽を二つそなえた冷浴室、オイルマッサージと垢擦《あかす》りをうける塗油室、サウナ、そして、海を眺めながら泳げる温水プールがありました。

以上が母屋ですが、母屋の北側にはさらに離れがありました。離れは小プリニウスの隠れ家で、眼下に海、遠くに森を望むことができ、すぐれた防音設備に守られたいくつかの居間や寝室がありました。母屋と離れは、海岸線に沿って延びる屋根付きの歩廊でつながれていました。この歩廊の海側にはスミレの花咲く花壇歩道が走り、陸側には遊歩道と葡《ぶ》萄《どう》の木蔭《こかげ》道をそなえた庭園や家庭菜園などが配されていました。

母屋と離れのプライベートスペースは、適度に温度調整された熱蒸気が床下の配管の中を通されていたので、冬でも暖かく過ごすことができました。また、この別荘の近くの村には、入浴料をとる公衆浴場が三軒あり、近海では上等のヒラメと車エビが獲《と》れたので、温泉好きや食通も満足させられたことでしょう。

このように、多くの都市大衆が汚くて狭いアパート住まいだったのに対し、ごく一握りの金持ちたちは現代の豪華別荘に勝るとも劣らない田園の別荘で快適に暮らしていました。古代ローマ社会は、ことほどさように貧富の差が激しく、また生活レベルも大きく異なっていた社会だったのです。

第5章　浴場と温泉

公衆浴場

ローマから南西へ二五キロメートルほどいったところに、オスティアというローマ時代の都市遺跡が残っています。市壁によって周りを囲まれた市街地の面積は七〇ヘクタールほどで、この市街地とその周辺には二万五〇〇〇人くらいの人々が住み暮らしていたと考えられています。

オスティアは東京ディズニーランドと同じくらいの広さでしたが、ここには少なく見積もっても一七もの公衆浴場があったというから驚きです。ここは港町だったので、陸に上がった船乗りや商人たちが一風呂《ふろ》浴びるために、公衆浴場がこのようにたくさん造られたのだと思います。

オスティアは極端な例ですが、しかし、かつてのローマ都市の遺跡には、必ずといってよいほど公衆浴場がいくつか残っています（ポンペイには四軒の公衆浴場が残っている）。公衆浴場は、いわばローマ風の都市の景観を特徴づけるランドマークの一つであり、ローマ文明を象徴する建造物でもあったのです。

一方、わが日本はどうであったかというと、嘉永《かえい》三年（一八五〇年）に書かれた西沢一鳳《にしざわいっぽう》の考証随筆『皇都午睡《みやこのひるね》』によれば、江戸の町には一町目につき二軒の湯屋（銭湯）があったそうです。その後、関東大震災や第二次世界大戦の影響によって東京の銭湯数は一時減少しますが、戦後の復興期には順調にその数を増やし、昭和四三年のピーク時には都内に二六八七軒の銭湯があったそうですから、風呂好きという点で日本人と古代ローマ人は似ていたといえます。

その後、日本では内風呂の普及によって銭湯の数がどんどん減少していきました。他方、古代ローマでも、都市内の金持ちの邸宅や郊外の別荘には、家人が使用する内風呂が整えられていましたが、庶民が暮らすアパートには内風呂はなく、またその後も普及しなかったので、古代ローマでは帝政末期に至るまで公衆浴場が重要な役割を果たしていました。この点が、古代ローマと日本との違いといえるでしょう。

ローマの本格的な公立の公衆浴場は、アウグストゥス帝の友人アグリッパが紀元前二〇年ころにマルスの野（ローマ都心部の北辺）に建設させたものが最初でした。その後も、ネロ帝やティトゥス帝、トラヤヌス帝、カラカッラ帝などが首都ローマに壮麗な公衆浴場を建設したので、四世紀には公立の公衆浴場（テルマエ）が一一あったと考えられています。それに加えて、私立の公衆浴場（バルネア）も八五六あったそうですから、当時一〇〇万人近くいた首都住民の需要にも十分に応《こた》えることができたでしょう。

床下暖房

ちなみに、昭和四三年当時の東京都の人口は約一一〇〇万人だったので、一人あたりの公衆浴場数はローマが東京の三・五倍だったという計算になります。

ローマの典型的な公衆浴場は、屋内に脱衣室、冷浴室、温浴室、熱浴室、塗油室を備え、屋外に運動場、プール、庭園、店舗などを備えていました。その他に、薬湯（マルビウムやギンバイカといった薬草やオリーブ油など）をはった浴室や発汗室（サウナ）、食事室や図書室などを備えていた事例も見られます。また、建物の壁や床下にはパイプが走り、その中を熱い蒸気が通る仕組みになっていたので、公衆浴場はいわばセントラルヒーティング完備の施設でもありました。

公衆浴場が建てられる場所は、都市内であれば広場の近くが一般的でしたが、カルタゴの海を一望できるアントニヌス浴場のように、郊外の最も景色のよいところに建てられることもありました。建物の内外は彫刻やモザイク画などで美しく飾られ、さながら美術館のようでもありました。つまり、古代ローマの人々は公衆浴場に赴くことで、運動もできれば、水泳もできる、冬でも温々《ぬくぬく》と読書や食事ができるし、美術作品や景色を愛《め》でることもできる、そしてもちろん入浴もできたわけです。そこは、いわば快適な総合娯楽施設のようなもので、大都会のオアシスでした。

ローマ時代のある地方都市の公衆浴場は、「ここでは、アウレリア＝ファウスティナ浴場が都の流儀で入浴させてくれます。あらゆる人間性が提供されます」と宣伝しています。地方の田舎町に暮らす身であっても、快適なアメニティの備わった公衆浴場に一歩足を踏み入れれば、都の流儀、ローマの文化・文明を疑似体験できていたわけです。

一世紀半ばの博物学者の大プリニウスによれば、黒海南岸のビテュニア出身の医師アスクレピアデスが前一三〇年ころ、温水浴と冷水浴を組み合わせた水浴療法をローマに伝えたそうです。一世紀前半の学者ケルススの『医学論』にも、また二世紀後半の医師ガレノスの医学書にも入浴療法への言及が見られます。また、ハドリアヌス帝が、病人をのぞき昼の第八時（夏一三時一五分、冬一二時四四分）以前の公衆浴場の利用を禁じていることからも、公衆浴場では営業時間の午前中に、病人に対する何らかの治療行為がおこなわれていたことをうかがわせます。そして実際に、公衆浴場付きの医者もいたそうです。帝政後期になるまでローマには市民が利用できる病院はありませんでしたが、公衆浴場が病院機能の一部を代替していたともいえるでしょう。

ヨーロッパ映画のなかで登場人物が、石鹸《せっけん》の泡をよく洗い流さないまま風呂からあがり、そのままバスローブを羽織るシーンを観て、ヨーロッパの人たちには風呂で身体をよく洗うという習慣がないのかしらんと思った記憶があります。では、古代ローマ人はどうだったのかといえば、発汗室で汗を流し、香油を身体に塗り、垢擦《あかす》りをし、何種類かの湯船に浸かっていたくらいですから、古代ローマ人もよく洗うことにかけては、日本人にひけをとらなかったものと思われます。

日本の温泉旅館などでは、風呂から帰る客が風呂へ向かう客とすれちがうときに、「いいお湯でした」と言葉をかけることがありますが、古代ローマでこの挨拶《あいさつ》の言葉にあたるのが、ラテン語の Saluum《サルウム》 lotum《ロトウム》 でした。訳すと、「よく洗う」です。ここからも、ローマ人が身体をよく洗っていた様がうかがえます。

最近、日本の銭湯の入浴料はばかになりませんが、ローマではどうだったのでしょうか。イベリア半島西部にあったウィパスカという時代の鉱山町では、男性が二分の一アス、女性が一アスで、子供は無料でした。同じころの首都ローマでは男女ともに四分の一アスだったらしいので、浴場施設の多かった都会のほうが、競争原理が働いて入浴料も安かったのかもしれません。

いずれにせよ、店で安ワインを一杯飲むくらいの安い料金で、この至れり尽くせりの娯楽施設を利用できていたわけです。また、機会があれば、皇帝や貴族たちが無料で公衆浴場を開放することもありました。庶民にとって公衆浴場は、気軽に利用できる憩いの場、社交の場だったといえるでしょう。

一世紀前半の哲学者でネロ帝の家庭教師でもあったセネカは、公衆浴場のすぐそばに住んでいましたが、ある手紙のなかで彼は、近所の公衆浴場から聞こえてくる騒音に文句をつけています。公衆浴場は、運動場で格闘技をやっている者たちの気合いの声や見物人の声援、脱衣室で衣服や財布を盗まれた被害者の罵《のの》り声、エコーの利いた浴室から響いてくる下手くそな歌、プールに飛び込む水音、物売りの声などで溢《あふ》れかえっていたようです。

セネカの時代には公衆浴場は一般に昼前から日没ころまで営業していたので、また、カラカッラ浴場やディオクレティアヌス浴場くらいの規模（東京ドームの二倍以上）になると、一度に一〇〇〇人以上の入浴客を収容できたので、セネカは午後中ずっと、相当に酷《ひど》い騒音に悩まされていたにちがいありません。大勢の人々が集まる社交場は、近隣の住民にとっては悩みの種だったようです。

ハドリアヌス帝は公衆浴場での男女混浴を禁止しました。ということは、そのころまでは混浴もあったということです。事実、ハドリアヌス帝より一世代うえのマルティアリスや、ハドリアヌス帝と同世代のユウェナリスといったような諷刺《ふうし》詩人たちは、男女混浴の場面に言及しています。けれども、ハドリアヌス帝以前は混浴が一般的だったかというと、必ずしもそうではありません。

七九年にウェスウィウス山の噴火で埋没したポンペイのスタビア浴場は男湯と女湯がちゃんと分けられていました。また、鉱山町ウィパスカの公衆浴場は、日の出から第八時までが女性専用、第八時から日没後の第二時（夏二一時一一分、冬一八時五八分）までが男性専用でした。このように、時間をずらして一つの浴室を男女が別々に利用する事例もありました。

しかし、一般的ではなかったにせよ、公衆浴場で男女が一緒に風呂に入ることがあったとすれば、よほどの聖人君子でもなければ、浴場は「欲情」の場でもあったでしょう。

実際、ポンペイにある郊外浴場の脱衣室の壁には男女の交わりを描いた春画が飾られ、二階には売春部屋が併設されていました。貴婦人たちが公衆浴場を利用することに対して、ローマの道徳家たちがときおり眉《まゆ》を顰《ひそ》めてみせたのも、そのためかもしれません。また、好いた相手を自分にふりむかせるために、恋の呪文《じゅもん》を刻んだ鉛の板を隠すための場所として公衆浴場が選ばれることがあったのも、やはり浴場と欲情が密接な関係にあったからにちがいありません。

一世紀後半のある墓碑銘はこう吐露しています。「浴場と酒と愛欲《ウェヌス》が我が身を滅ぼす。しかし、これらが我が人生をつくるのだ」と。けだし名言です。

温泉

お風呂の話なので、やはり温泉のことにも触れておきましょう。ローマの都市部や郊外にあった公衆浴場の多くは、近くの水源から引いてきた水を沸かすというのが一般的でしたが、火山地帯では、温泉を利用した公衆浴場も建設されていました。大プリニウスは、そうした温泉地の名前をいくつかあげていますが、なかでも当時人々の人気を集めていたのが、ナポリ近郊のバイアエ湾一帯だったそうです。

バイアエ（現バイア）は、すでに共和政時代から有名な温泉保養地であり、風光明媚《めいび》な別荘地であり、牡蠣《かき》の養殖でも名高い地でありました。つまり、うまい食事に美しい景色、そして、効き目のある温泉、と三拍子そろった人気の観光地だったのです。また、多くの湯治客や観光客が訪れていたスポットなので、この周辺には歓楽街も形成されていました。日本のにぎわっている温泉街の様子を思い浮かべていただければよいでしょう。アウグストゥス帝時代の詩人オウィディウスは、「女たちが群れていて、女漁《あさ》りにふさわしい場所」としてバイアエを名指ししています（『恋愛指南』一・二五三〜二五六）。

バイアエ周辺には少なくとも三つの大規模な公衆浴場があったことが、発掘によってわかっています。その他にも、皇帝や貴族、金持ちたちの別荘内に造られた浴場跡も見つかっています。ここにはまた、湯治に来た人々のための療養所もあったようです。

山腹から海に向かって階段状に形成された土地に、バイアエ湾とバイアエ湖（人工湖）を望むような形で建てられた石造りの大規模温泉施設は、ここを訪れた人々の目を驚かせ楽しませていたことでしょう。日本の温泉地には「鄙《ひな》びた」という表現が似合いますが、古代ローマの温泉地には「壮麗な」という表現が似合っていたようです。

古代ローマ人は温泉の効能についても詳しかったようです。これについても大プリニウスが、あれこれと説明してくれています。「硫黄《いおう》泉は筋肉によく、ミョウバン泉は中風やそれに似た虚脱の病気によく、瀝青《れきせい》やソーダを含んだ鉱泉は飲用に適し、下剤としてよい……」（『博物誌』三一・三二）といった具合です。そして、帝国各地の有名な温泉地の紹介も加えています。その全部をここであげることはできませんが、たとえば、前述のバイアエでは、かつてキケロが所有していた別荘の近くから、眼病に効く温泉が湧いていたそうで、のちに「キケロの水」の名で有名になったそうです。

日本人と同じように、古代ローマ人にも温泉を飲む習慣がありました。これに関して興味深いのが、帝国各地で発見されているローマ・ガラスの容器です。

一〇～一八センチメートルくらいの丸形フラスコの瓶で、形状からして輸送にも耐えうるものだったと考えられています。瓶の表面には、バイアエやプテオリの町の景観が装飾として彫り込まれていますが、なかには、瓶の表面に「飲め、汝《なんじ》が生きながらえるように！」という銘文が刻まれている瓶も見つかっています。

この瓶の用途についてはさまざまな議論がありますが、温泉地として名高いバイアエとプテオリの町の情景と「飲め……」云々《うんぬん》のセリフが瓶に彫られていることから想像をたくましくすれば、もしかするとこの瓶に有名なバイアエ近辺の温泉水を詰めて各地に輸出していたのかもしれません。あるいは、土産物としてバイアエ周辺で売られていたのかもしれません。

このように見てみると、ローマ人と日本人の温泉文化はとても似たものだったようです。同じように温泉を楽しみ、ありがたがっていたようですから、もしかしたら温泉偽装なんてこともあったかもしれませんが、残念ながら、史料には残っておりません。

第6章　水と都市生活

ローマの上水道

紀元前三一二年にローマ最初の上水道が監察官《ケンソル》のアッピウス＝クラウディウス＝カエクスによって建設されました。この上水道は、建設者の名前をとってアッピウス水道と呼ばれるようになりました。

それから四〇〇年後の九七年にネルウァ帝によって水道長官《クラトル・アクアルム》に任命されたセクストゥス＝ユリウス＝フロンティヌスは、その著書『ローマの水道について』のなかで、こう述べています。「ローマ市の建設から四四一年のあいだ、ローマ人は、井戸や泉やティベリス川の水で満足していた」（同四・一）。つまり、アッピウス水道が建設されるまでの四四一年間、ローマの人々の生活水は、市内の井戸やティベリス川の水でまかなわれていたわけです。

ローマの都市建設が、のちのローマ広場あたりの排水事業からまず始まったことに象徴されているように、ローマの中心部はもともと湿地帯に位置していました。また、地下水

水道名	建設年	建設担当者	全長
アッピウス水道	前312年	監察官アッピウス=クラウディウス=カエクス	16.4km
旧アニオ水道	前272〜前269年	監察官ムニウス=クリウス=デンタトゥス 監察官ルキウス=パピリウス=カルボ	63.7km
マルキウス水道	前144〜前140年	法務官クイントゥス=マルキウス=レックス	91.4km
テプルス水道	前125年	?	17.7km
ユリウス水道	前33年	造営者マルクス=ウィプサニウス=アグリッパ	22.9km
ウィルゴ水道	前19年	マルクス=ウィプサニウス=アグリッパ	20.7km
アルシエティヌス水道	前２年	アウグストゥス帝	32.8km
クラウディウス水道	38〜52年	カリグラ帝　クラウディウス帝	68.8km
新アニオ水道	38〜52年	カリグラ帝　クラウディウス帝	87.0km
トラヤヌス水道	109年	トラヤヌス帝	57.7km
アレクサンデル水道	226年	アレクサンデル=セウェルス帝	22.0km

表四　ローマの上水道

脈が比較的地表に近いところにあったため、湧き水も豊富でした。

このため、しばらくの間は市内の湧き水や川の水で事足りていたのですが、ローマの拡大とともに首都人口が増加し（前三五〇年からの半世紀間で三万人から六万人に倍増）、また河川の汚染が進んだことで、遠くから新鮮な水を引いてくる必要が生じました。こうして前三一二年、多くの商人や労働者でにぎわっていて水の需要が高まっていたティベリス港（ローマの川港）周辺に水を供給するために、アッピウス水道が建設されたのでした。こののちローマの街には、需要に応じて計一一本の水道が建設されていきました（表四）。

共和政期の上水道は基本的に監察官の管轄下にありました。しかし、監察官は五年に一度だけ選出され、その任期も一八か月以内と定められていたので、実際には毎年選出される造営官《アエディリス》が管理し、日々の点検整備は私人に請負に出されていました。

帝政期に入ると、前一一年にアウグストゥス帝によって水道庁が創設されます。元老院級の水道長官の管轄のもとで、数多くの専門技師や二四〇名からなる国有奴隷団が水道の管理にあたりました。

クラウディウス帝の時代には組織が拡充され、実務を担当する水道管理官《プロクラトル・アクアルム》のポスト（帝室の被解放自由人が務めていた）が水道長官の下におかれ、さらに四六〇名の国有奴隷団が追加されて、総勢七〇〇名を超えるスタッフを擁するまでに至りました。

現代人と同様、ローマ人もまた自分たちの飲み水には神経質でした。大プリニウスが「全世界でもっとも冷たくもっとも健康によい水に対する最優秀賞が、ローマの投票によってマルキウス水道の水に与えられた」（『博物誌』三一・四一）と伝えているように、ローマ人はコンテストを実施することで水道水の質を定期的に点検していたようです。また、一世紀には、水道水を汚染した者に対して一万セステルティウス（軍団兵の年収の約一〇倍）もの罰金を科すことで、水道水の安全確保に努めていました。

水道長官フロンティヌスによれば、彼の時代に存在していた九本の上水道によって運ばれてくる水のうち、市域内に入ってくるのは七一パーセントにすぎなかったそうです。つまり、給水量全体のうち二九パーセントは、市域外の別荘や農地等で使用するために分水されていたということになります。

これら郊外用の水のなかには、合法的に取水されていた分もありましたが、非合法に盗水されていた分もかなりあったことがわかっています。盗水はすでに共和政時代から問題となっていました。プルタルコスによれば、監察官だった大カトーは前一八四年に、「傍らを流れる公の水を盗んで自分の家や庭に引いていた人々の水路を切断」したそうです(「カトー伝」一九)。

フロンティヌスもなくならない盗水を厳しく非難しています。水道庁の主たる業務には、水道水の質と安全を維持するための水道管内の清掃、水道施設の保守点検と並んで、こうした盗水の取り締まりもあったのです。

フロンティヌスの時代、上水道によって一日あたり一〇〇万立方メートルほどの水がローマの街に供給されていたと見積もられています。水は水道管の傾斜を利用して運ばれ、その傾斜度は一キロメートルあたり平均五メートル、水流の速度は秒速一・三メートルほどでした。この速度は現代とほぼ同じで、水道水は、最も遠い水源からたった一日で、ローマの街まで到達していました。

こうしてローマの街に供給された水のうち、約一七パーセントが皇帝から特別に許可を得た施設に分水され、約四四パーセントが公共施設(兵舎、役所、浴場、水汲《く》み場など)に、約三八パーセントが私邸や工房などに分水されていたそうです。ローマの住民一人あたりに換算すると、一日に一〇〇リットルほどになります。ちなみに、東京都民は、一人あたり一日に二三三リットルほどの水を使用しているそうです(二〇〇九年)。

使用可能量と実際の使用量を単純に比較することはできませんが、それにしてもローマが水に恵まれた街であったのは確かです。実際、ローマの街角には、フロンティヌスの時代には五九一、四世紀には一二一二（一三五二という説もある）の水汲み場がありました。アパートの上層階には水道設備は整っていませんでしたが、それを補って余りある共同の水汲み場が住まいのすぐ傍に設置されていたので、庶民たちもそれほどの不便は感じてはいなかったでしょう。ただし、汲んできた水を上層階に運び上げるという重労働からは逃れられませんでしたが。

フロンティヌスの時代には、私的あるいは営利目的で水道水を使用する場合、水の噴出管の直径（一五段階）に応じて水道料金が徴収され、年に二五万セステルティウスの歳入があったといいます。元老院決議は管に直径を刻文するよう命じていましたが、実際には管の直径よりも小さな数字を書き込んだり、水道庁のスタッフに賄賂《わいろ》を贈ったりして、使用量をごまかす輩《やから》があとを絶たなかったようです。

ちなみに、私邸に分水するための鉛製の水道管には、その水の使用者名が刻まれていました。たとえば、「プロティナ＝アウグスタの（水道管）」と刻まれていた水道管（『ラテン碑文集成』一五・七三〇五）は、トラヤヌス帝の皇后プロティナが所有する屋敷に水を供給していたものと考えられています。

市民が憩う豪華な総合娯楽施設とも呼びうる公衆浴場は、生きるために必要なものというわけではありませんでしたが、生活に潤いをもたらすという意味では重要な存在でした。そして、これらの公衆浴場を成り立たせるために必要不可欠だったのが上水道だったのです。

前一九年に建造されたウィルゴ水道は、マルスの野にあったアグリッパ浴場に給水量の三分の一以上（約一万九〇〇〇立方メートル）を供給していました。オッピウス丘にあったトラヤヌス浴場にはクラウディウス水道と新アニオ水道が、カラカッラ浴場にはマルキウス水道の支流として建造されたアントニヌス水道が、クィリナリス丘にあったディオクレティアヌス浴場にはマルキウス水道が、それぞれ大量の水を供給していました。

また、より生活に直結したものとして水車がありました。ティベリス川右岸のヤニクルム丘陵には、トラヤヌス水道の水流を利用した大規模な水車施設があり、水車に連結された石臼《いしうす》が大量の小麦を製粉していました。また、カラカッラ浴場の地下室にも水車施設が備えられていました。上階の風呂場《ふろば》から溢《あふ》れ落ちてくる水を有効に活用していたわけです。

ローマの下水道

前一世紀後半の歴史家ディオニュシオス＝ハリカルナッソスは、ローマ帝国の真の偉大さを体現するものとして、上水道、舗装道路、下水道の三つをあげています（『ローマ古代史』三・六七・五）。

上水道が動脈ならば下水道は静脈であり、どちらが欠けても都市の健康は維持できません。人目につきにくい下水道の重要性を見抜いたディオニュシオスは流石というべきで、快適な都市生活にとって下水道は確かに必要不可欠の存在でした。

最初期に建造され、後世にも名を残した下水道が、スブラ地区（ウィミナリス丘とエスクィリヌス丘の間にひろがる下町）とローマ広場の地下を横切ってティベリス川に注ぎ込むクロアカ・マクシマでした（全長一・六キロメートル、天井までの高さ四・二メートル、横幅三・二メートル）。「最も大きな溝」という意味で、その原型（共和政末期に暗渠《あんきょ》化された）は、五代目または七代目の王によって建造されたと伝えられています。

ローマの地形が起伏に富んでいたのに加えて、街中を大きく蛇行して走るティベリス川の流れが速かったこともあって、ローマは建国のころから定期的な洪水に見舞われていました。このため、排水施設としてのクロアカ・マクシマは、まだ人口が少なかったローマの町にとってもなくてはならないものでした。また、時代とともに人口が増えて、生活排水が増加したことによって、さらにその重要性は増しました。

こうして、ローマの街には、クロアカ・マクシマのような公共の下水道と個人の管理に任された下水道（大半は地表を流れる側溝のようなもの）が多数つくられていきました。これら多数の下水道を共和政期にどの部署が管理していたのかはわかっていませんが、帝政期にはティベリス川の河岸および河床の管理長官《クラトレス・リパルム・エト・アルウェイ・ティベリス》という長ったらしい役職名の元老院議員五名が担当するようになりました。

七九年のウェスウィウス山の大噴火で滅んだ都市ヘルクラネウムの地下で発見された下水道（全長七〇メートル、高さ二～三メートル、横幅一メートル）には約一〇トンもの排泄《はいせつ》物《ぶつ》が堆積《たいせき》していました。人口五〇〇〇人ほどの町でこうですから、一〇〇万都市のローマ

水洗トイレ

となるとその量も半端ではなかったでしょう。

ある物好きな研究者の計算によれば、五賢帝時代のローマの街では一日に少なくとも四〇〜五〇トンの糞尿《ふんにょう》が、トイレから下水道へ、そしてティベリス川へと垂れ流されていたそうです。この排泄物の量からもわかるように、下水道と並んでトイレもまた、快適かつ健康的な都市生活には必須《ひっす》のインフラでしたが、その点でローマは、上下水道が比較的よく整備されていたおかげで公衆トイレ（forica《フォリカ》）の水洗化も進んでいたので、まずまず快適だったと言えるでしょう。

ローマの水洗トイレは、水が流れる溝の上に箱形の便座を設置したもので、仕切も個室もありませんでした。したがって、利用者（専ら男性）は排泄と会話の両方を楽しむことができました。

公衆トイレ管理人（conductores《コンドゥクトレス》 foricarum《フォリカルム》）

が常駐し、少額の利用料金を徴収していました。したがって小銭を惜しむ吝嗇家《りんしょくか》や素寒貧は物陰や縮絨《しゅくじゅう》工房の店先の尿壺《つぼ》で用を足していたことでしょう（尿は羊毛の洗剤に使われていた）。

こうした公衆トイレは、街角のさまざまな場所に設置されていましたが（四世紀のローマの街には一四四あったといわれる）、とりわけ公衆浴場の近くや内部にしつらえられることが多かったようです。公衆浴場には必ず上下水道が整備されていたからです。

ローマの市街地を囲む形で三世紀末に建造されたアウレリアヌスの市壁（全長一八・八キロメートル）にも、守備隊のために計一一六のトイレが設置されていました。ただし、ここのトイレでは水洗処理はされず、そのまま市壁伝いに垂れ流されていたので、市壁周辺は相当に臭かったはずです。

市壁沿いの一帯はこのように環境も治安も悪く、一種のスラム街を形成していました。とくにローマの街の東のはずれ、スブラ地区が尽きる市壁のあたりは、スンモエニウムと呼ばれた地区で、日当たりも風通しも悪く、市壁の陰では娼婦《しょうふ》たちがたむろして客をひいていました。一世紀後半の諷刺《ふうし》詩人マルティアリスは「スンモエニウムの女房たち」という表現を好んで使用していますが、これは決して誉め言葉ではありません。

ヘルクラネウムやポンペイに残る一戸建て住宅の多くには、トイレが設けられていました。しかし、そのほとんどは下水道には接続されておらず、敷地内の汚水槽に溜《た》められる仕組みになっていました。また、アパートの上層階では、持ち運び可能な室内用尿壺

(matella《マテッラ》 fictilis《フィクティリス》)が使用されることが多く、マナーの悪い住人は、便器の中身をそのまま窓から放り捨てることがある、と諷刺詩人のユウェナリスは通行人に警告しています。ローマ法は、個人の管理に任されていた中小の下水道や側溝を公共の下水道網につなげるよう催促していますが、これは裏を返せば、個人管理の下水道の多くが公共の下水道網に接続されていなかったことを示唆しています。

すでに述べたように、ローマの街は、公共の上下水道網が比較的よく整備されていましたが、庶民の日常風景に限ってみれば、せっかくのインフラも十全には機能していなかったようです。

とは言え、やはり上下水道網が存在しなかったならば、都市生活は成り立たなかったでしょう。その成果は、皮肉なことに、ティベリス川の汚染という形で証明されています。ある研究者の算定によれば、首都ローマでは毎年一〇〇万立方メートルもの糞尿やゴミや生活排水がティベリス川に垂れ流されていたそうです。かくして、二世紀ころになると、ティベリス川の汚染はもはや無視できないレベルとなり、医師たちは、ティベリス川で獲《と》れた魚貝を食べないよう警告せざるを得なくなったのでした。

第7章　平均寿命

ローマ帝国の平均寿命

古代ローマの人々の平均寿命はどのくらいだったのでしょうか。

社会の高齢化は、世界中の先進国で共通して見られる現象ですし、長寿世界一の座をながらく占めていた日本人の私たちにとっても、平均寿命の問題は関心のあるテーマでしょう。

二〇〇〇年ちかく昔の人々の平均寿命を精確に知るのは難しいのですが、ローマ時代のエジプトで断片的に見つかっている戸口《ケンスス》調査記録（今でいう国勢調査のこと）、かつてのローマ帝国領内から出土した墓碑、古代都市ヘルクラネウムやパンノニア（ハンガリーのあたり）で見つかった人骨、あと何年生きることができるかという平均余命を年齢ごとに計算した法学者ウルピアヌスの生命表（紀元三世紀前半）などを手がかりとして、研究者たちはおおよその平均寿命を算定しています。

それによれば、ローマ人男性の平均寿命は二二・八歳、ローマ人女性の平均寿命は二五・〇歳となります。これは庶民層の平均寿命で、上層の人々のそれはもう少し長かったと考えられています。また、ローマ帝国の都市部よりも農村部のほうが、平均寿命はわずかに長かったと考えられています。

表五は、ローマ帝国の人口の大部分を占めていた庶民層の平均寿命モデルです。ある年に生まれた一〇万人の子供たちの生存数と、年齢ごとの平均余命を一覧表にしています。より具体的にイメージしてもらうために、日本のデータ（二〇〇一年）も並記しておきました。日本の平均寿命は、男性七八・〇七歳、女性八四・九三歳です。

平均余命とは、各年齢の人たちが平均してあとどのくらい生きる見込みがあるかを算定したもので、ゼロ歳児の平均余命のことを平均寿命といいます。

この表によれば、ゼロ歳のローマ女子の平均余命（＝平均寿命）は二五・〇年で、一歳の女子の平均余命は三四・九年、五歳の女子の平均余命は四〇・一年となっています。これはつまり、ひ弱なゼロ歳の女子はあと二五年ほどしか生きる可能性はありませんが、五歳にもなれば身体もできてくるので、平均余命も長くなり、あと四〇年ほど生きられると期待できることを示しています。

男性の場合も同様で、ゼロ歳のローマ男子の平均余命（＝平均寿命）は二二・八年ですが、五歳になると平均余命は三九年と長くなっています。男女ともに五歳のときが平均余命が一番長く、あとは年齢を重ねるごとに短くなっていきます。

生存数は、ある年に生まれた一〇万人が次の年齢までに何人生き残っているかを示したもので、ローマ女子の場合、一歳まで生き残れるのは一〇万人のうち六万九四四四人、ローマ男子の場合は、一〇万人のうち六万四八二六人が無事に一歳を迎えることができたことを示しています。

古代ローマ人と日本人の平均寿命を比べてみた場合、女性の場合で約六〇歳、男性の場合で約五五歳も開きが生じています。

このような大きな開きが生じている最大の要因は、新生児の死亡率の違いです。日本のゼロ歳児の死亡率は男女ともに〇・三パーセントほどなのに対して、ローマのゼロ歳児の死亡率は男女ともに三〇パーセントを超えています。つまり、二〇〇一年に日本で生まれた一〇万人の赤ちゃんのうち、三〇〇人くらいが一歳の誕生日を迎える前に死んでしまったのに対して、ローマ帝国では、ある年に生まれた一〇万人の赤ちゃんのうち、三万人以上が一歳の誕生日を迎える前に死んでしまっていたのです。

同様に、一歳児や五歳児で比べてみても、ローマの死亡率のほうが日本のそれよりもずっと高くなっています。この乳幼児の死亡率の高さこそが、古代ローマの平均寿命を大きく押し下げている最大の要因なのです。

年齢区分の一つの目安となる六〇歳で比べてみると、ローマ女性が一万六七一二人、ローマ男性が一万二九三二人だったのに対して、日本女性は九万四九一〇人、日本男性は八万九八二二人が生存しています。このように今の日本と比べてみれば、古代ローマが、いかに生き残りの難しい社会だったかということがわかるでしょう。

	ローマ女性		日本女性		ローマ男性		日本男性	
年齢	生存数	平均余命	生存数	平均余命	生存数	平均余命	生存数	平均余命
0	100,000	25.0	100,000	84.93	100,000	22.8	100,000	78.07
1	69,444	34.9	99,717	84.17	64,826	34.1	99,670	77.32
5	54,456	40.1	99,613	80.26	50,906	39.0	99,545	73.42
10	51,156	37.5	99,564	75.30	48,041	36.0	99,478	68.47
15	48,732	34.2	99,523	70.33	46,099	32.6	99,416	63.51
20	45,734	31.3	99,432	65.39	43,579	29.4	99,201	58.64
25	42,231	28.7	99,299	60.47	40,201	26.6	98,888	53.82
30	38,614	26.1	99,145	55.56	36,713	23.9	98,555	48.99
35	34,886	23.7	98,936	50.68	33,035	21.3	98,145	44.18
40	31,208	21.1	98,643	45.82	29,177	18.7	97,566	39.43
45	27,705	18.5	98,196	41.01	25,101	16.4	96,718	34.75
50	24,389	15.6	97,488	36.29	21,092	14.0	95,360	30.21
55	20,661	13.0	96,397	31.67	16,915	11.8	93,144	25.86
60	16,712	10.4	94,910	29.13	12,932	9.6	89,822	21.72
65	12,175	8.4	92,808	22.68	8,936	7.7	85,105	17.78
70	7,935	6.5	89,462	18.43	5,432	6.1	77,912	14.17
75	4,194	4.9	84,161	14.42	2,694	4.6	67,515	10.94
80	1,644	3.6	75,273	10.80	944	3.4	53,520	8.13
85	436	2.5	60,615	7.76	225	2.4	35,869	5.87
90	59	1.8	40,093	5.41	27	1.7	18,233	4.19
95	3	1.2	18,892	3.77	1	1.2	6,160	3.02
100～			5,467	2.65			1,026	2.20

表五　古代ローマと現代日本の平均寿命モデル

若い社会

古代ローマのように死亡率の高い社会は、年齢構成の若い社会でもあります。表六は、年齢ごとの人口分布の割合を表したもので、ローマ帝国の人口動態モデルに基づいて作成されています。

この表によれば、二〇歳未満のローマ女性は女性人口の四四・二パーセント、ローマ男性は男性人口の四五・五パーセントを占めています。他方、六〇歳以上のローマ女性は女性人口の六・二パーセント、ローマ男性は男性人口の四・八パーセントにすぎません。

ここで再び、日本の情況と比べてみましょう。二〇一四年の段階で、二〇歳未満の日本女性は女性人口の一六・六パーセント、日本男性は男性人口の一八・四パーセントを占め、六〇歳以上の日本女性は女性人口の三五・八パーセント、日本男性は男性人口の三〇・二パーセントを占めています。つまり、ローマ帝国の場合、一〇〇人中四五人くらいが二〇歳未満、五人くらいが六〇歳以上となり、これに対して日本の場合は、一〇〇人中一七人くらいが二〇歳未満、三三人くらいが六〇歳以上となるわけです。

ちなみに、ローマ帝国の平均年齢は二七歳くらい、他方、日本の平均年齢は四五歳くらいです。このように、古代ローマというのは、ずいぶんと若い社会だったのです。ローマのような若い社会と日本のような高齢社会では、年齢感覚もかなり異なっていたものと思われます。

第二回ポエニ戦争の帰趨を決したザマの戦いのころ、カルタゴの将軍ハンニバルは四四歳でしたが、このときのハンニバルを、前二世紀の詩人ルキリウスは老いた狼（vetulus《ウエトウルス》 lupus《ルプス》）と表現し、アウグストゥス帝時代の歴史家リウィウスは老人（senex《セネクス》）と表現しています。また、前一世紀前半のキケロは、理想の弁論家として仰いでいたルキウス＝リキニウス＝クラッススのことを老人と呼んでいます。ちなみに、老人呼ばわりされたときクラッススはまだ四八歳か四九歳でした。

同じく、キケロは自著『老境について』のなかで、前一八六年の執政官《コンスル》をつとめたスプリウス＝ポストゥミウス＝アルビヌスが自分の老境に不満をいだいていたと述べていますが、このアルビヌスが死んだのは五〇歳くらいのときでした。また、一世紀後半の諷刺《ふうし》詩人マルティアリスは自分のことを老人と表現していますが、このとき彼はまだ四五歳くらいでした。つまり、四〇代後半の人を老人と表現しても、ローマ人にはそれほどの違和感はなかったのです。

古代ローマに生きていたならば、私も十分に老人なのですが、五〇歳前後の政治家を「若手」と呼んで憚《はばか》らない日本の政界風景を見慣れている日本人には、相当に違和感のある年齢感覚です。

年齢	女性（%）	男性（%）
0〜9	24.3	24.9
10〜19	19.9	20.6
20〜29	17.1	17.8
30〜39	13.9	14.4
40〜49	10.8	10.7
50〜59	7.8	7.0
60〜69	4.5	3.6
70〜79	1.5	1.1
80〜89	0.2	0.1

表六　古代ローマの年齢構成

平均寿命と年齢感覚

ローマ人の年齢感覚について興味深い事例を提供してくれるのが、北アフリカ出土の墓碑です。たとえば、プブリウス＝アッティウス＝カットゥスという人物の墓碑銘を読むと、彼は一〇四歳でまだ矍鑠《かくしゃく》とし、自ら馬に乗って所領の監督をこなしていたそうです。

へぇ、ローマ時代の北アフリカの人は元気で長生きだったんだなぁ、と早合点してはいけません。というのも、北アフリカ出土の墓碑銘は眉《まゆ》に唾《つば》を付けて読まなければいけないからです。

享年が記録されている北アフリカの墓碑銘のうち、七〇歳以上で死亡している者の数は全体の二六・五〇パーセントを占めており、さらに、一〇〇歳以上で死んだ人の数が二・九六パーセント、一二〇歳以上が〇・二五パーセントもあります。しかし、これは、当時の平均寿命からすればありえない数値です。したがって、ほんとうの享年はもっと若かったはずなのです。

つまりどういうことかというと、ローマ時代の北アフリカでは、実際の年齢よりも多くサバを読む傾向にあったということです。最近の碑文研究では、六〇歳をこえた北アフリカの人々にとって暦のうえでの一〇年は、心理的には一九年に相当していたらしいことがわかってきています。

ローマ時代には、六〇歳をこえるような老人の数が少なかったので、どうやら北アフリカでは、古老の存在を自慢し、長生きを競いあうような精神風土が存在していたようです。平均寿命のあり方は、このような形で社会のメンタリティに影響を与えていたのです。

ちなみに、アルジェリア北東部のヌミディア王国にはかつて、怪人と呼ぶに相応《ふさわ》しいマシニッサという王がいました。政争に敗れて王国なき王となったマシニッサは、わずかな騎兵を従えてスキピオ＝アフリカヌスの軍に合流し、前二〇二年のザマの戦いでローマ軍を勝利に導いた人物です（ヌミディアとは本来「遊牧民」の意。組織を離れ、自分の居たい所に住んで働く「ノマド的生活」のノマドもヌミディアと同じ語源に由来する）。

このマシニッサは、リウィウスの伝えるところによれば、「八六歳のときに最後の息子をこさえ」、前一五一年には「九二歳となった彼によってカルタゴ人が打ち負かされた」そうです（『梗概』四八、五〇）。

全くあり得ない話ではありませんが、北アフリカの人々の年齢感覚を考慮に入れるならば、八六歳とか九二歳というマシニッサの怪人伝説も、話半分に聞いておいたほうがよいのかもしれません。

ここまで、ローマ人の平均寿命は短かったという話ばかりしてきたので、最後に、イタリアにおける長寿の事例も紹介しておきましょう。

この手の話については、例によって大プリニウスの『博物誌』が役に立ってくれます。二一回も高官の席についたウァレリウス＝コルウィヌスは一〇〇歳の寿命をまっとうしたとか、キケロの妻テレンティアは一〇三歳まで生きたとか、女優のガレリア＝コピオラは一〇四歳で舞台に復帰したとか、とにかく興味深い事例がいくつも列挙されています。

そのなかでも特に興味深いのが、彼の時代にウェスパシアヌス帝が実施した戸口調査記録の紹介で、このとき、「イタリアの第八区では一〇〇歳の人五四人、一一〇歳の人一四人、一二五歳の人二人、一三〇歳の人四人、一三五歳か一三七歳の人四人、一四〇歳の人三人」が登録されたそうです（『博物誌』七・一六四）。

イタリア第八区というのは、現在のボローニャを中心とするエミリア＝ロマーニャ州のあたりで、大プリニウスの時代にどれくらいの人口があったのかは不明ですが、それにしても一三〇歳とか一四〇歳などという年齢については、眉に唾を付けて見る必要があるでしょう。というのも、戸口調査は自己申告制だったからです。

もしかすると先ほど紹介した北アフリカの年寄り自慢に似たメンタリティが、イタリア第八区にもあったのかもしれません。とはいえ、その信憑性《しんぴょうせい》はさておき、これが国の公式記録であったということは間違いありません。

第8章　性

男性と女性

古代ローマは家父長制社会でした。ローマの家父長が持つ権限は絶大で、彼の支配下にあるものは（人であれ物であれ）、意のままに処分されることが法で認められていました。その威力を最もよく示しているのが、家父長が持つ生殺与奪の権で、彼の所有権下にある奴隷はもとより、名分が立ちさえすればたとえ我が子であっても、その権限に基づいて殺すことが認められていました。家父長を頂点とする男中心の社会――それが古代ローマ社会だったのです。

では、このような社会において、男性や女性はどのような存在として捉《とら》えられていたのでしょうか。まずは、紀元二世紀後半の医師ガレノスの説明を引用しましょう。

女性が男性に比べて不完全だという第一の根本的な理由は、女性が冷の性質であるという点である。というのも、熱の性質の動物のほうが活動的なので、冷の性質の動物は熱

の性質の動物に比べて不完全なのである。（『身体各部の有用性について』一四・六〜七）

古代ギリシア・ローマの医学は、熱と冷、乾と湿の四つの性質の組み合わせでもって生物の特性を理解していました。ここから、男性と女性の性別による違いも熱属性（活発）と冷属性（不活発）の違いで説明され、さらには男性＝完全、女性＝不完全という家父長制社会特有の価値観までもがそこに加えられてしまっています。まさに身体のジェンダー化がおこなわれていたのです。

ガレノスをはじめとするローマの医者たちが、というよりも古代ギリシアの時代から連綿と医者たちが似たような説明を繰り返していたので、こうした考え方はごく自然なものとして人々に受容されて、一種の精神風土とでも言うべきものを形成していました。二世紀初めの文人プルタルコスも、医学的素養に男の価値観（偏見と言ったほうがよいだろうが）を織り交ぜながら、一つの風呂《ふろ》を女性と共有することの危険性について、次のように警告しています。

男はその肌を女風呂で洗ってはならない。……不品行の誇《そし》りを免れないばかりか、ある種の腐敗物が女の身体からは排出されて、その排出物を男の肌が吸収すると汚されてしまうからである。

（『断片』九八）

こうした精神風土に根ざす言説は、医学とはおよそ関係のなさそうな領域にも拡散していました。たとえば、歴史家タキトゥスは一世紀末の作品『ゲルマニア』のなかで、世界の果てを次のように描写しています。

スイオネス族（現スウェーデン人）を越えた北のほうに、もう一つ海がある。それは（氷のために）鈍重でほとんど流動しない。……この海でとうとう……世界が果てるのである。……スイオネス族のすぐ隣に接して、シトネスの諸族が住む。他の点では似ているが、これが女に支配されている点だけで他の部族と異なる。彼らは自由の政体よりはもちろんのこと、奴隷の状態よりもさらに堕落しこんなにまでなり下がっている。……これからあとのことはすべて物語めいている。たとえばヘッルシイ族とオキシオネス族は、顔と姿は人間でも、体や四肢は獣であるといったような話である。

（同四五～四六）

タキトゥスは、ローマ帝国の近くに住むゲルマン諸部族については好意的な書きぶりでその制度や習俗を紹介しています。

たとえば、カッティ族は「並々ならぬ頑丈な体をもち、四肢もたくましい。外貌《がいぼう》は威嚇的で、精神の働きもなかなか活発である……思慮も器用さも多く持っている」（同三〇）、カウキ族は「もっとも高貴な部族であり、自らの偉大さを正義で守ることを好む。貪欲《どんよく》を知らず制し難い激情を知らず……いかなる土地をも掠奪《りゃくだつ》や泥棒で荒らさない」（同三五）といった具合です。

帝国の近くに住む部族は「高貴なる野蛮人」として描かれていますが、その一方で、ローマ文明のオーラから遠ざかるにつれて、そこに住む部族はしだいに野卑になり惰弱《だじゃく》になり、そして世界の果て近くになると、女に支配されるほどまでに堕落し、ついには人ではなく獣の世界へと至っています。この世界認識は、男を中心に据え女を周辺に置くローマ社会の男女観をよく反映していると言えましょう。

男性＝本性的優者、女性＝本性的劣者と短絡するような思考様式は、女性という存在に対して自《おの》ずと厳しい評価を下しがちです。

その典型が伝統保守派の大カトーで、彼は、女性の贅沢《ぜいたく》を禁じたオッピウス法の存廃をめぐる前一九五年の論争のなかで、「女の無能さ」、「本性的無能」、「馴《な》らしがたき生き物」といったような嘲弄《ちょうろう》の言葉をこれでもかとばかりに並べ立て、だから女を無理にでも服従させる同法を廃棄すべきではないと訴えています（リウィウス『ローマ建国史』三四・二〜四）。

大カトーの演説には、これを伝える前一世紀後半の歴史家リウィウスの創作が少なからず加えられているようですが、ここで重要なことは、大カトーが本当にそう発言したのかということよりも、大カトーならばそう言い放ったとしても不思議ではないとリウィウスが信じていること、そしておそらく、リウィウスと同時代の人々の多くが、大カトーの臆《おっ》見《けん》に肯《うなず》いていたであろうということです。

両性具有者と去勢者

男を霊長のごとく見なす社会のなかで、肉体的に男でも女でもない者はどのような扱いを受けていたのでしょうか。ここでは、両性具有者と去勢者について見てみましょう。

男性器と女性器の両方を生まれ持った両性具有者の存在はローマでも知られており、四世紀半ばの著作家ユリウス＝オプセクエンスは、前一九〇年から前一二年までの間に観察された予兆を記録した『予兆の書』のなかで、九件の両性具有者の事例を報告しています。

同書に記録されている最後の出現例は前九二年で、このときは、北イタリアの「アッレティウムで二人の男女《おとこおんな》(androgyni《アンドロギュニ》)が発見された」と事実だけを簡叙するにとどめていますが、それ以前の八件ではすべて、卜占官《ぼくせん》の命令で浄《きよ》めのために殺されるか、海や河に遺棄されています。共和政期ローマでは、両性具有者は、神々の怒りの顕《あらわ》れ、不吉な出来事の前触れと認識されていたため、生存すら危うい情況におかれていたようです。

両性具有者は、前一世紀ころになってようやく宗教的なタブーから解放されるようになり、そして、一世紀半ばの大プリニウスのころになると、生殖器の異常にすぎないと見なされるようになりました。こうして徐々にではありますがローマ社会でも受け容《い》れられるようになり、「両性具有者が（法廷で）遺言の証人になれるかどうかは、性の熱の具合による」という三世紀の法学者パウルスの断案にあるように（『学説彙纂《いさん》』二二・五・一五）、熱の性質の強い者（つまり男性の要素の多い者）であれば、両性具有者であっても「普通の」男性と同等の権利が認められました。

ちなみに、四世紀末に北アフリカの司教となったアウグスティヌスも両性具有者に言及しています。キリスト教が両性具有という現象にどういう意味を持たせたのかがわかる興味深い一節です。

hermaphroditi《ヘルマフロディティ》（ヘルメス神とアフロディテ女神の子）とも呼ばれている androgyni《アンドロギユニ》 には……両方の性が顕れるので、どちらの性に従って名付けるべきかは不確実であるが、慣用的な語法は、よりすぐれた性すなわち男の性別に従って呼ばれるように傾いていったのであった。なぜなら、いまだかつて誰も androgynaecae《アンドロギユナエカエ》 とか hermaphroditae《ヘルマフロディタエ》 といったように（女性形で）呼ばれたことはなかったからである。（『神の国』一六・八）

アウグスティヌスの指摘は確かにその通りで、両性具有者は男女両方の性を兼ね備えているにもかかわらず、その呼称は常に男性形で表されていました。この現象の原因をアウグスティヌスは、男性のほうが「よりすぐれた性」だから自然とそうなったのだと説明しています。男性＝本性的優者という思考様式は、キリスト教にも継受されていたのです。

次に、去勢者について見てみましょう。

去勢者がいつごろからローマに現れるようになったのかは定かではありませんが、一世紀ごろになると、皇帝に仕える宦官《かんがん》や富豪の取り巻き、饗宴《きょうえん》を盛り上げる道化や春を売る男娼《だんしょう》としての去勢者の姿が、あちらこちらで見られるようになります。

去勢者は、男であって男でないというその特徴ゆえに重宝がられていましたが（たとえば、妊娠を避けるためにご婦人方の性の相手をさせられていた）、その一方で、「男でなくなった」がゆえに、男性を本性的優者と見る社会ではしばしば非難や迫害の対象にもなっていました。

去勢者に対するこのような矛盾した扱いを如実に示したのが、ドミティアヌス帝です。帝は、去勢した稚児エアリヌスを寵愛《ちょうあい》していましたが、それと同時に、去勢を禁じる勅令も発布しています（カッシウス＝ディオ『ローマ史』六七・二・三）。その後、ネルウァ帝とハドリアヌス帝も去勢を禁じています。

去勢を禁じる勅令が繰り返し発布されたということは、禁令の効果があまりなかったということを示しているのでしょう。なくならない去勢という悪習に業を煮やしたハドリアヌス帝は、自らの意思で去勢した者や去勢手術をおこなった医者に死刑を命じています。

ちなみに、このハドリアヌス帝の勅令は、意に反して去勢させられた者たちが、被害を「自ら訴え出てきたときには、属州総督は、男性性（virilitas《ウィリリタス》）を喪失した者たちであっても耳を貸してやること」と注意を与えています（『学説彙纂』四八・八・四・二）。

この注意喚起は、裏を返せば、属州総督は通常、男性性を喪失したような者には耳を貸さなかった、つまり、去勢者は公権力による保護の外に置かれていた可能性を示唆しています。

三世紀前半の皇帝アレクサンデル＝セウェルスの場合は、去勢を禁じるまでには至っていませんが、宦官たちを皇帝の補佐役から外し、できるだけその数を削減して、以前の特権を宦官たちから取り上げています。ハドリアヌス帝からヌメリアヌス帝までの諸皇帝の伝記『ローマ皇帝群像』は、そのときの帝の考えを以下のように伝えています。

アレクサンデル帝はこう語るのが常だったという。宦官というものは人類のなかの第三の性(tertium《テルティウム》 genus《ゲヌス》 hominum《ホミヌム》)であり、身分ある者が——男性は言うまでもなく女性であっても——目にしたり用いたりするような存在ではない、と。

(「アレクサンデル＝セウェルス伝」二三)

「第三の性」という考え方がローマ社会に定着することはありませんでしたが、三世紀ころになると、そういう発想を思いつかせるくらいの存在感を去勢者は持っていたと言えるでしょう。事実、アレクサンデル帝の前任者であったヘリオガバルス帝は「宦官たちの奴隷であった」と詰《なじ》られていますが、当時の宮廷ではことほどさように宦官たちが権勢をふるっていたのでした。こうして三九九年にはついに、東ローマ皇帝アルカディウスの側近であったエウトロピウスが、宦官として初めて執政官《コンスル》にまで登りつめています。

この当時、西ローマ帝国の宮廷詩人であったクラウディアヌスは、東ローマと西ローマのライバル意識を背景にして、東ローマ帝国の重臣たちを非難する詩を書いています。エウトロピウスもその標的となっており、クラウディアヌスが開口一番に非難したのが、エウトロピウスの去勢でした。

（半人半獣の子が産まれたり、石や血の雨が降ったりといったような）どんな凶兆も、宦官執政官（の出現という凶兆）の前では後込《しりご》みする。ああ、天地に恥ずべきことよ。執政官の官服をまとった老婆（＝エウトロピウス）があらゆる都市で（まるで凶兆のように）目撃されることになるのだ。そしてこの老婆が、（三九九年という）年の名を女にしてしまうのだ。

（『エウトロピウス弾劾』一・一～一〇）

ローマ人は、たとえば前七〇年ならば「グナエウス＝ポンペイウスとマルクス＝クラッススが執政官の年」といったように、毎年選ばれる二名の執政官の名前で年号を表していました。

「年の名を女にしてしまう」とは、「男でなくなった」エウトロピウスが執政官となった三九九年は、「女」の名前でその年が表記されることになるという意味です。ここで「女にしてしまう」と訳したラテン語の動詞が effemino《エッフェミノ》 で、その形容詞形である effeminatus《エッフェミナトゥス》 が「女々しい」という意味になります。

家父長制社会において男たちは、「女々しい」という評判を毛嫌いし恐れてもいたので、クラウディアヌスは、エウトロピウスの貪欲や残虐性よりも何よりも、まずはその「女々しさ」を衝《つ》いたのでした。

女らしさと男らしさ

性別と差別とが分かちがたく結びついていたローマ社会では、女性（劣者）が男性（優者）のようにふるまうことは、嫌悪の目で見られていました。

前七七年、被告のアマシア＝センティアは自ら法廷に立って自分の弁護をし、無罪放免を勝ち取りました。ローマの政界や法曹界は男の世界でしたが、そんななかでの彼女の行為は、現代ならば偉業と賛嘆されそうですが、ローマでは、彼女は「女の外見の下に男の精神を備えた……男女《おとこおんな》」と非難されました。

元老院議員の妻だったガイア＝アフラニアもまた、よく訴訟を起こしては自ら弁護をつとめて裁判官をうるさがらせたので、彼女の名前は道徳心のない女の代名詞となりました。彼女は前四八年に亡くなりますが、「こんな怪物（monstrum《モンストウルム》）の場合は、生まれた年よりも死んだ年のほうが記録に残されるべきであろう」と切って捨てられています（ウァレリウス＝マクシムス『著名言行録』八・三・一～二）。

同様に、男性（優者）が女性（劣者）のようにふるまうことも非難の対象となっていました。実際、アウグストゥスも若いころ、政敵のセクストゥス＝ポンペイウスから「女のような男（effeminatus《エッフエミナトウス》）」と嘲《あざけ》られています（スエトニウス「アウグストゥス伝」六八）。

ローマ社会がこのようなありさまだったからこそ、前一世紀前半の政治家キケロは、立派な男性市民としての立ち居ふるまいを息子に説くなかで、とりわけ注意すべきこととして、「女々しく柔弱であってはならない」「生硬無骨であってはならない」の二つを挙げているのです（『義務について』一・三五）。

「女々しさ」を忌み嫌う風潮は、キリスト教の教えにも垣間《かいま》見えます。一世紀半ばの伝道者パウロは、コリントスの信徒に宛てた第一の手紙のなかで、神の国を受け継ぐことのできない一〇の悪徳の一つとして「女々しい男たち（malakoi《マラコイ》）」を挙げ（同六・九）、手紙の締めくくりで、「目を覚ましていなさい。信仰に立ちなさい。男らしくありなさい。力強くありなさい」と命じています（同一六・一三）。

キリスト教がローマ帝国の精神風土のなかでその教えを整えていったこと、そして、パウロがローマ市民であったことを思えば、聖書のなかで「女々しさ」が断罪されているわけもよく理解できるでしょう。

「女々しく脆弱《ぜいじゃく》であってはならない」「男らしくありなさい」と繰り返し訴えかけてくる社会の声は、ローマの男たちの性行動にも影響を及ぼしていました。

ローマ社会では、同性愛関係において、身分あるローマ市民男性が女役（挿入される側）をするのはタブーとされていました。それは専ら男奴隷や男娼の役まわりだったからです。

カエサルは、ビテュニア王ニコメデスとの同性愛関係で女役となったために、「カエサルはガリアを、ニコメデスはカエサルを押さえつけた」、「ニコメデスの売春宿」、「ビテュニアの女王」と散々に酷評され、このことで烈しい非難を終生あび続けたそうです（スエトニウス「カエサル伝」四九）。興味深いのは、女役をつとめたカエサルのイメージと、彼によって軍事的に征服されたガリア（現在のフランスのあたり）のイメージとが重ね合わされている点です。

ニコメデスがカエサルを「押さえつけた」と訳したラテン語の動詞 subigo《スビゴ》には、エロチックな文脈で「下から突き上げる」「マッサージする」という意味がありますが、その他にも「征服する」「手なずける」「衰弱させる」といった意味があります。つまり、男が女役をするということは、誰かに征服されるというニュアンスを帯びていた、もっと言えば、それは、世界の支配者たるローマ市民男性がより強い者に政治的・軍事的に征服されるイメージとも重なるものであり、帝国支配のイデオロギーとは相容れない事態でした。

この帝国支配のイデオロギーを体現していたのがローマの軍隊でしたが、ローマ市民男性で編成されていた軍団《レギオ》内では、兵士同士（つまりはローマ市民同士）の同性愛関係は厳しく罰せられていました。たとえば、四度も叙勲されたことがある古参の百人隊長ガイウス＝コルネリウスは、ローマ市民身分の若者と同性愛関係をもったために、終身刑に処せられています。

興味深いのは、ガイウス＝コルネリウスが処罰を免れるために、この若者は軍隊内で公然と売春をおこなうような者だった、と弁明していることです。軍団内であっても、支配と服従の関係を損なうことのない男奴隷や男娼相手の性交ならば少なからずおこなわれていたので、抜け目がないガイウス＝コルネリウスはそこに赦免の希望を託したのですが、叶《かな》いませんでした（ウァレリウス＝マクシムス『著名言行録』六・一〇）。

男根《ファッルス》崇拝

ローマではすでに草創期から男根崇拝がおこなわれていたようで、ローマ市内の中央部、パラティヌス丘に接するウェリア丘には、男根の形をしたムトゥヌス＝トゥトゥヌス神の神殿があったと伝えられています。また、家壁や門柱、辻《つじ》の祠《ほこら》などでは、縁起担ぎの男根が祀《まつ》られ、家のなかでは、置物やランプの意匠として男根が用いられていました。

家の祭壇画には、家内繁盛のゲニウス神が、家父長の生殖能力の強さを象徴する蛇（ローマでは妊娠をもたらす動物と考えられ、男根の象徴でもあった）の姿で描かれ、子供たちの首には、「邪悪な目」を逸《そ》らすための男根を象《かたど》った首飾りがぶら下がっていました。さらには、都ローマにあるアウグストゥス広場は男根の形になるよう設計されたと主張する研究者もいます（この説には反論もある）。まさに男根に囲まれた日常生活だったのです。

男根には宗教性・神聖性があると信じられていたため、しかるべく性交したにもかかわらず妊娠できないときには、男ではなく女のほうに問題があると考えられていました。また、宗教性・神聖性に加えて、先ほど述べたように政治性・軍事性をも帯びていたため、男根の挿入をともなわない性行為はローマ市民男性には相応《ふさわ》しくないと考えられていました。

たとえば、女性器を口で刺激するクンニリングスは、男根を挿入できなくなった老人や勃起《ぼっき》不全者、去勢者や娼婦・男娼がおこなう行為であり、この行為で口が悪臭を放つようになった者たちを諷刺《ふうし》詩人のマルティアリスは辛辣《しんらつ》に嘲笑《あざわら》っています。

男性器を口で刺激するフェラチオは老女や娼婦・男娼がおこなう行為とされ、二世紀末の占い研究家アルテミドロスは『夢判断の書』のなかで、「妻や恋人にフェラチオをされる夢をみたら、二人のあいだに不和が生じ、結婚や恋愛は終わるだろう。そんな行為をした女とは、食事をともにすることも、キスを交わすこともできないからだ」という夢見の判断を下しており（同一・七九）、医師のガレノスは、口でおこなう性行為を「自然に反した恥ずべき行為」と断じています。

マスターベーション（語源はラテン語の masturbor《マストウルボル》 で、「手で叩く」の意）は、精子がまだ作られない少年や性欲を自制できない者がおこなう行為とされ、卑猥《ひわい》な芝居を演じる黙劇《パントミムス》役者などが舞台でその様子を真似て、下品な笑いをとる演し物《だしもの》の一つでもありました（autokabdaloi《アウトカブダロイ》 と呼ばれる「一人尺八」を演し物とする芸人もいたようです）。

現実には、口でおこなう性行為も自慰行為もおそらく普通におこなわれていたでしょうが、理念的には、それらはローマ市民男性にとって（そしてローマ市民女性にとっても）相応しくない行為と観念されていたのです。

ローマ社会では、異性との性交はもちろんのこと、同性との性交においても、男の役割

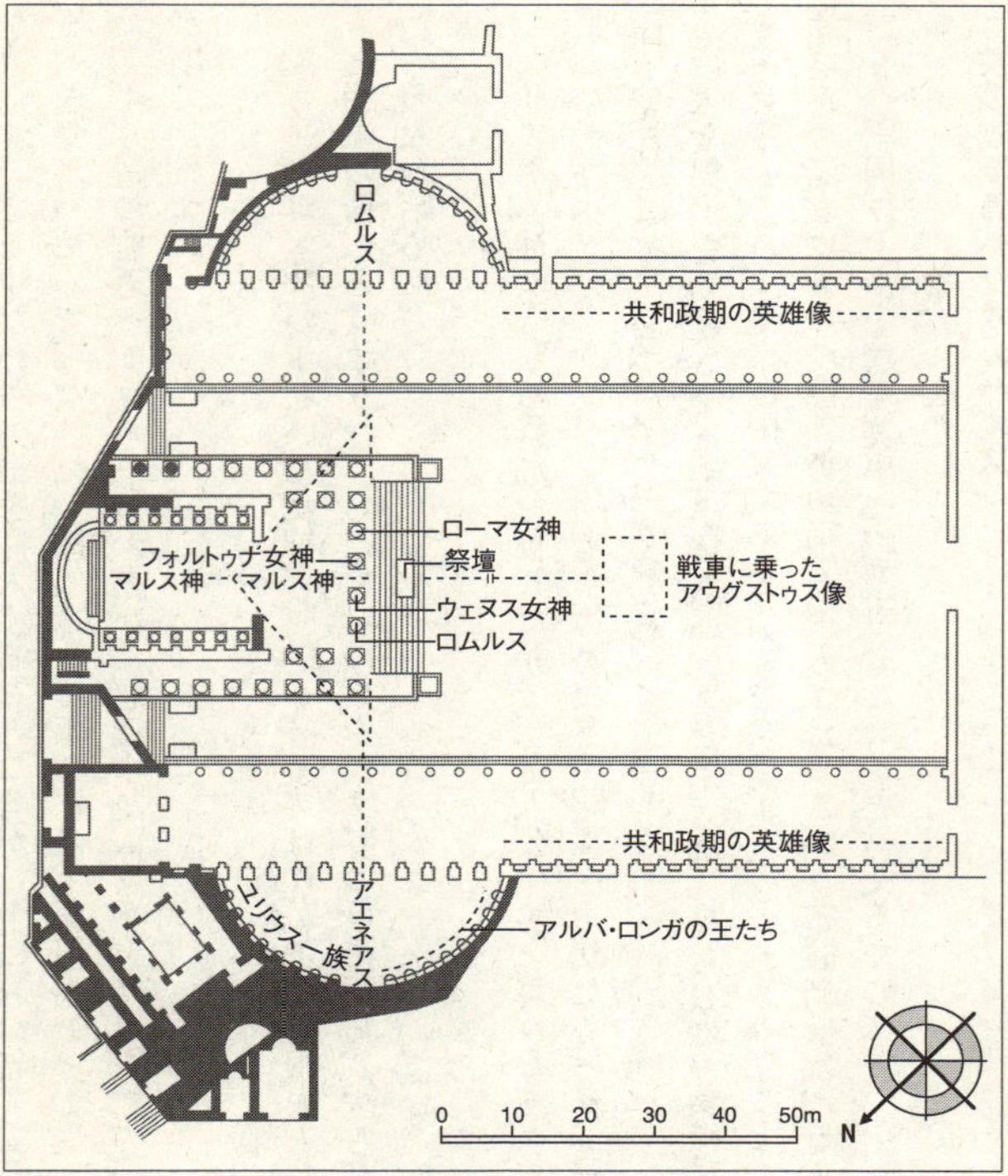
ロムルス
共和政期の英雄像
ローマ女神
フォルトゥナ女神
祭壇
マルス神
マルス神
戦車に乗った
アウグストゥス像
ウェヌス女神
ロムルス
共和政期の英雄像
ユリウス一族
アエネアス
アルバ・ロンガの王たち
0 10 20 30 40 50m
N

アウグストゥス広場

を果たすこと、すなわち男根を挿入することこそが、上に立つ者、支配する者としてのあるべき姿だったので、女性に「挿入される」ことは、男性にとって最も恥ずべきことでした。ネロ帝の側近ペトロニウスが書いた悪漢小説『サテュリコン』のなかに、そんな場面が出てきます。

（プリアポス神の年老いた女神官）オイノテアは鞣革《なめしがわ》製の男根をとりだし、それに香油と胡椒《こしょう》の粉末と、すりつぶした蕁麻《いらくさ》の葉をこすりつけてから、少しずつぼくの肛門《こうもん》の中へ挿入し始めた。　（同一三八）

プリアポス神の聖なる鵞鳥《がちょう》を殺した罪で、主人公のエンコルピオスが、牛の皮を表面に張ったディルドを――しかも胡椒や蕁麻などの媚薬《びやく》を塗りたくられてから――女によって「挿入される」という、最大の辱めを受ける場面です。

巨大な男根を勃起させた姿が特徴のプリアポス神（男らしさの象徴）の怒りに触れ、若きネロ帝の分身（皇帝は国父であり、家父長の頂点に立つべき存在）ともいえるエンコルピオスが、老女によって偽物の男根を挿入されるという布置結構は、ローマ社会の宿痾《しゅくあ》とも言うべき男根至上主義《ファロクラシー》を美事に転覆させているといえるでしょう。

性の越境者ヘリオガバルス

ローマの性のありようをめぐって興味深い例を提供してくれるのが、シリア出身の皇帝ヘリオガバルス（在位二一八〜二二二年）です。『ローマ皇帝群像』所収の「ヘリオガバルス伝」が紹介する、彼の性にまつわる逸話（実話とは言いがたい部分も少なからずある）は倒錯的・猟奇的という形容が相応しいものばかりで、たとえば、キュベレ女神に奉納すべく神官たちが自ら切り取った男根を（この儀式自体は由緒あるものだったが）、ヘリオガバルスは自分の体にくくりつけた（同七）、大きな性器を持っていそうな男を都や水兵のなかから集め、「オノベリ」すなわち「ロバのように大きな性器」と呼んで寵愛し、官職に就けた（同八）、廷臣や帝室奴隷のために宮殿に売春宿を造らせた（同二四）、友人の家を一軒一軒訪ねては饗宴を開かせて、供される料理のひと皿ごとに女と交わったそうです（同三〇）。

皇帝たちの悪行乱行奇行の類《たぐ》いはローマ風俗史の定番ですが、「ヘリオガバルス伝」はその集大成といった観があります。彼のこの伝記の大部分は性的堕落の逸話で占められ非難されていますが、わけても厳しく事細かに指弾されているのが「女々しさ」です。

たとえば、ヘリオガバルス帝はウェヌス女神の役で自ら舞台に立ち、女神のような化粧をし、全身脱毛した裸身で尻《しり》を男に突き出し押しつけた（同五）、「オノベリ」のなかでも優れて美しいゾティクスの花嫁となり（別の史料では、奴隷のヒエロクレスの妻にもなったと伝えられている）、女性のヘアネットで頭をまとめ、「夫」を持っていることを自慢した（同一〇〜一一）、ダルマティカという長衣（男がこれを着ると女々しいとされていた）を着て、公衆の前に姿を現して顰蹙《ひんしゅく》をかっていたばかりか、あらゆる娼婦や女衒《ぜげん》、堕落した放《ほう》蕩《とう》者が集められ、娼婦の前には乳首を出した女の衣装で現れ、放蕩者の前には売春させられている少年の姿で現れ、将軍が兵士たちに対するかのように、性の快楽に関する演説をおこなった（同二六）、そして、「口にするのも汚らわしいことであるが……女たちが毛を処理される際に用いられる同じ除毛剤でもって」まるで女のように毛を処理した（同三一）といった具合です。

ちなみに、一八世紀のイギリスの歴史家エドワード＝ギボンも名著『ローマ帝国衰亡史』のなかで、ヘリオガバルスは「女々しいふるまいによって、皇帝と男性の威厳を汚した最初の人物」でローマ史上最悪の皇帝、と評しています。ヘリオガバルス帝の「女々しさ」に対する非難の声は、古代だけでなく、近代に至るまで止まなかったわけで、性にまつわる「べき論」の影響力の大きさというものを思い知らされます。

ヘリオガバルス帝の性に関する最も興味深い逸話は、帝と同時代の歴史家カッシウス＝ディオが伝えてくれています。

サルダナパッロス（＝ヘリオガバルス）の淫欲《いんよく》はついに行くところまで行った。彼は、自分の外科医たちに、切除によって女性器を自分の身体に創り出すよう頼み、その見返りに多額の報酬を約束したのであった。

（『ローマ史』八〇・一六・七）

これは、性転換手術を示唆する最も古い事例の一つと言えるでしょう。

ヘリオガバルス帝が性同一性障害を抱えていたのかどうかは定かではありません。彼は三人の女性と結婚し、妻以外の女性とも頻繁かつ積極的に関係を持っていたからです。とはいえ、ヘリオガバルス帝が、当時の男中心の性規範を軽々と飛び越えることのできた「性の越境者」であったのは確かだと考えます。

現代人からすれば古代ローマ人は性におおらかな人たちでしたが、すでに述べたように、ローマ人も私たちと同様、その時代の性規範から逃れることはなかなかできませんでした。ローマの男たちが誰かに恋するときや性交するとき、彼らは、自分が男であるという性自認や男らしい役割を果たすべきという意識を放棄することができませんでした。これに対してヘリオガバルス帝は、性自認に囚《とら》われることなく、心を奪われた相手にあわせて性役割を自在に変えることができました。

この点で言えば、解放奴隷のドリュフォルスに「嫁ぎ」、去勢させ女装させた美少年スポルスを「娶《めと》った」ネロ帝も同じ部類で、ともにその「女々しさ」を非難されています。しかし、ヘリオガバルス帝がネロ帝と異なるのは、彼が――意図的にそうしたのかどうかは不明ですが――女性の地位向上に一定の役割を果たしたという点です。「ヘリオガバルス伝」によれば、彼の時代には、「女が男のように、まるで女元老院議員であるかのように元老院に入って」、議決制定の証人になり、さらに彼は、「クィリナリス丘の上にセナクルム（小さな元老院議事堂）を、すなわち女の元老院をつくった」とも伝えられています（同四）。
ヘリオガバルス帝が女の元老院を本当につくったのかどうかはわかりませんが、このころに元老院議員の妻たちが、議員と同等のclarissima《クラリッシマ》（「最も輝かしい女性」の意）という称号を帯びるようになったのは確かです。また、半世紀ほどのちに即位したアウレリアヌス帝も「上層の既婚婦人《マトロナ》たちに元老院すなわちセナクルムを回復してやることを望んだ」と記録されています（「アウレリアヌス伝」四九・六）。「女の元老院」が実在したかどうかは別にして、「女にも元老院を」という発想が、家父長制社会であったローマで芽生えたこと自体、注目に値することだと思います。

かつて古代アテナイのアリストファネスは、男装した女たちがアテナイの民会を男たちの手から奪い取るという筋立ての喜劇『女の議会』を書きました。古代アテナイの男たちはこの奇想天外な作品を絵空事のように観劇して、みんなで一緒になって笑っていましたが、ヘリオガバルス帝のような存在を体験してしまったローマの男たちは、もはや「女の元老院」を絵空事として笑って済ますことはできなくなっていたのではないでしょうか。

余裕のある笑いではなく、アレルギー反応のような烈しい非難が投げかけられるようになった背景に、男中心の価値観の揺らぎや男たちの焦りが透けて見えるような気がします。

第9章　愛

『恋愛指南』と姦通処罰に関するユリウス法

古代ローマの愛について語るならば、「愛の師匠」を自認するオウィディウスの『恋愛指南《アルス・アマトリア》』を避けては通れないでしょう。全三巻から成るこの恋愛詩集は、オウィディウス四〇歳（紀元前三年）ころの作品で、男性と女性の両方に向けて愛《アモル》の技術《アルス》を説くという内容になっています。

『恋愛指南』の第一～二巻では、これぞと思う女性を見つけて口説き落とす技術と、つかまえた女性を逃がさない技術が披露されています。

まず、世界中の娘盛り・年増《としま》盛りの女たちが群れ集まる都ローマとその近郊のナンパ・スポットの紹介があり、続いて、口説きのテクニックが事細かに指南されます。その手管の多くは現代でも通用しそうなものばかりですが、なかには一歩間違えばストーカー行為（彼女が散歩しているなら、あとをつけろ）やセクハラ（宴席では、彼女が唇をふれた酒杯の同じところに口をつけて飲め、さりげないボディタッチをしろ）で訴えられそうなものもあります。それればかりか、下手すれば強姦罪《ごうかん》（キスのあとは力ずくで女をものにしてよい）に問われそうなものもあります。

第三巻では、男に愛されるための技術を女性たちに向けて歌い上げています。身だしなみや化粧法、女らしい笑い方や泣き方、わざとバカっぽく見せる発音の仕方から、夫にばれない不貞の働き方やセックスの体位に至るまで、微に入り細をうがった秘訣《ひけつ》が講釈されています。

たとえば、夫の目を盗んで恋文を送るためには、腹心の小間使いのふくらはぎに紙片をくくりつけるか、足の裏に貼り付けて運ぶ。それでも夫にばれそうであれば、小間使いの背中に言葉を直《じか》に書きつける。あるいは新鮮な牛乳で文字を書く（炭の粉を振りかければ文字が読めたらしい）、といった具合です。

女性視点の『名婦の書簡』や『婦人の化粧について』などの作品を書いたオウィディウスの面目躍如ともいえるところですが、まさにこの第三巻の内容（とりわけ女性に不貞の技術を教授している箇所）がアウグストゥス帝の逆鱗《げきりん》に触れ、この詩人を国外追放という破滅へと導くことになります。

アウグストゥス帝といえば、内乱ですさんでいたローマをかつての古き善き時代の姿に戻すべく風紀道徳の立て直しに努めた皇帝です。彼は前一八年に、綱紀粛正のため姦通処罰に関するユリウス法を制定し、違反者を追放刑で罰しました。以前であれば、姦通は家のなかで内々に処理されていたのですが、これ以降は法で裁かれるようになり、姦通した者のみならず姦通を手助けしたり唆したりした者も国家が取り締まるようになったのです。『恋愛指南』が危険な内容をはらんでいることについてはオウィディウス本人も自覚していたようで、詩の冒頭で予防線を張っています。

貞潔の印である細い髪紐よ、遠ざかるがよい、また、足の半分を隠す長い裾《すそ》飾りも。私は安全なウェヌスと許された秘密だけを歌おう。さすれば私の歌にはいかなる罪もないであろう。
（一・三一～三四）

つまり、特別な髪紐《ウイツタエ》や長衣《ストラ》の着用が許された上層の既婚女性《マトローナ》は、姦通の技術を説くようなこんな詩集は読むべきではないと警告し、読者を限定することによって法に抵触しないよう計算しているわけですが、『恋愛指南』の別の箇所で彼はこうも言っています。

私は風紀取締りの側にまわって、諸君にただ一人の女を後生大事に守れなどと言うつもりはない。……結婚したばかりの新妻でも、そんなことはできそうにない。たわむれの愛を楽しむがいい。
（二・三八五—三八八）

新妻もたわむれの愛を楽しめという箇所を素直に読めば、既婚女性一般に姦通を奨励していると受けとめられても仕方のない書きぶりです。

こうした筆の滑りすぎに政治スキャンダル（詳細は不明）も重なって、紀元後八年、オウィディウスは「猥褻《わいせつ》な姦通を教えた者」として、アウグストゥス帝により黒海沿岸の僻地《へきち》へと追放されてしまいました。『恋愛指南』は、これがもし共和政期に書かれたのであれば罪には問われなかったのでしょうが、アウグストゥス帝の登場によって愛のありようが大きく変わろうとしていた、まさにその端境で世に出たため、このような憂き目を見ることになったのです。

安全なウェヌスと危険なウェヌス

さて、先ほど引用した一文のなかでオウィディウスは、「安全なウェヌス」だけを歌おうと書いています。

Venus《ウェヌス》とは、英語読みするとヴィーナスで、言うまでもなく愛を司《つかさど》る女神のことですが、この言葉には「肉欲をともなう愛」という意味もあり、つまり、ここでいう「安全なウェヌス」とは、姦通罪に問われない愛のことでした。

姦通処罰に関するユリウス法は、既婚女性が夫以外の男性と肉体関係をもつことを禁じましたが、ここで注目すべきことは、この法が取り締まりの対象としたのは専ら既婚女性であって、既婚男性ではないということ、言い換えれば、既婚女性は、夫以外のいかなる男性であれ、もし関係をもてば処罰されましたが、既婚男性のほうは、既婚女性に手を出さない限り、たいていの女性と関係をもっても処罰されなかったということです。

既婚男性には「安全なウェヌス」としてさまざまな選択肢（未婚女性や未亡人との不倫あるいは娼婦《しょうふ》との不倫）があり得ましたが、既婚女性にはそのような選択肢はなかったわけです。なんとも不公平な扱いですが、男のエゴを下敷きとした家父長制社会ならではの扱いだったとも言えるでしょう。

アウグストゥス帝の立法によって、人妻との不貞行為は姦通罪として処罰の対象となりましたが、それによって不倫が実際になくなったのかといえば、そうではありません。スエトニウスが伝えるところによれば、オウィディウスを追放したアウグストゥス帝自身が「処女を辱める方をいっそう好み、そのような女があらゆる所から妻リウィアによってすら探され提供された」そうです（『アウグストゥス伝』七一）。これは未婚女性との不倫で、しかも妻公認ですから、まさに「安全なウェヌス」と言えましょう。

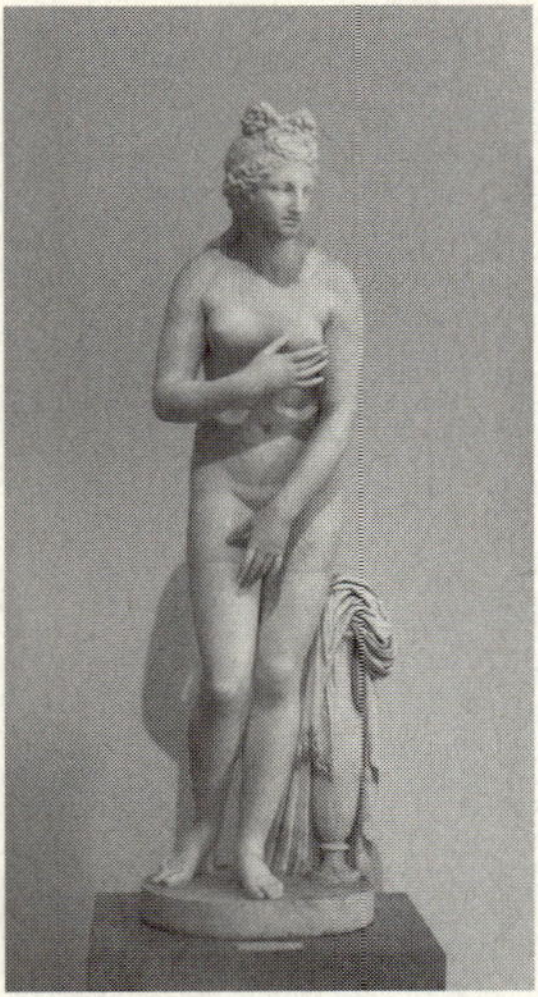
ウェヌス女神

それだけではありません。アウグストゥスに宛てた手紙のなかでアントニウスは、「そなたはリウィアとだけ寝ているのか。この手紙を読むころ、テルトゥラと寝ていなければ結構なことだ。それともテレンティッラとか、ルフィラとか、サルウィア＝ティティセニアか、いやそいつらみんなと一緒に寝ているかな」と暴露しています（『アウグストゥス伝』六九）。こちらは既婚女性（テレンティッラは友人マエケナスの妻）との不倫ですから、オウィディウスの表現をもじれば「危険なウェヌス」です。不倫の取り締まりを命じた当の本人からしてこのありさまだったので、ローマのお家芸ともいえる不倫（危険なものも含めて）は、帝政期になってからも一向になくなる気配はありませんでした。

では、愛をめぐって何が変わったのかと言えば、共和政期であれば姦通を裁くのは家父長だったので、裁き手である彼らは半ば堂々と間男をすることができましたが、姦通処罰に関するユリウス法の成立以降は、国家に害ありと政治が判断した者を、人妻との不貞行為という名目で罰することが可能になったため（オウィディウス追放の直接の引き金は政治スキャンダルのほうだったと考える研究者もいる）、大手を振って不貞を働くというのが難しくなりました。

共和政期には、カトゥッルスやティブッルス、プロペルティウスといった恋愛詩人たちが、自分の切ない不倫経験を恋愛詩という形で公然と嘆き歌って、人気を博していましたが、帝政期になると恋愛詩は下火となり、かわって諷刺《ふうし》詩人たちが他人の不貞行為を観察し、嘲笑《ちょうしょう》するようになりました。不倫という現象自体はなくなりませんでしたが、不倫をおこなう者の行動様式や不倫を見る目は確かに変化していったのです。

「安全なウェヌス」と「危険なウェヌス」という対照は、ウェヌスという女神の二面性をよく表しています。

ウェヌス女神は男女を結びつける強い力を神格化した存在だったので、もしもこの女神を崇拝しなければ、生殖力が弱まり生命の連鎖が断ち切られてしまう、しかし逆に、この女神が日常的に崇拝されて力を持ちすぎれば、制度や秩序をも破壊しかねない本能的・個人主義的な愛が社会に蔓延《まんえん》してしまう、と考えられていました。このため、危険だけれど敬わないわけにもいかないウェヌス女神は、ローマにおいて独特な方法で祀《まつ》られることがありました。

たとえば、シチリアのエリュクス山のウェヌス神殿では聖なる売春がおこなわれていましたが、そこで祀られていたウェヌス＝エリュキナ女神を第二回ポエニ戦争のときにローマ市へと勧請した際、ローマ人は、この女神のために建立した神殿の傍らに、理性を神格化したメンス神の神殿を据えて、ウェヌス女神の狂躁《きょうそう》的な愛の力を理性の力でもって鎮めようと試みています。

また、ウェヌス女神の怒りは女性を愛の狂気に走らせると広く信じられていました。女神の怒りにふれて、身体から悪臭を放つようになったレムノス島の女たちが、自分たちを避けて島外の女と浮気するようになった島の男たちを皆殺しにしたという有名な伝承がありますが（アポロドロス『ギリシア神話』一・九・一七）、こうした伝承の背景にある、女性のほうが愛に狂いやすいという思い込みは、ローマの男たちのあいだで広く共有されていました。

オウィディウスも『恋愛指南』のなかで、「女の欲情は男のそれよりも烈しく、いっそう狂乱の様相を帯びている」と断定しています。こうした偏見に囚《とら》われていたローマの男たちは、愛の狂気から女性の心をそらせるための信仰が必要だと考えて、「改心させるウェヌス」という意味のウェヌス＝ウェルティコルディア女神を祀りました。また、実際に愛の虜《とりこ》となり淫行《いんこう》の罪を犯した女性から罰金を徴収し、それを基金にして前二九五年に「従順なウェヌス」という意味のウェヌス＝オプセクエンス女神の神殿を建立しました。

ローマの男たちはこのように、ウェヌスと女たちとの危険な関係を警戒していたのです。アウグストゥス帝の姦通処罰に関するユリウス法が専ら女性を取り締まりの対象としたのも、この文脈で理解できるでしょう。

「夫婦愛」

私たち日本人は、親子愛や夫婦愛あるいは人類愛といったように、何にでも愛という言葉をくっつけて、それを好ましいものとして賛美しがちですが、ローマ人はそうではありませんでした。

ローマ人は愛《アモル》というものを、甘美ではあるけれど（あるいは甘美だからこそ）危険で信用ならない欲望と観念していたからです。この点でローマの愛は、キリスト教が説く神の無限無償の愛《アガペ》ではなく、仏教が説く渇愛（人間の根源的な欲望）に似ていたと言えるかもしれません。

このことと関連して一つ指摘しておきたいことは、古代ローマでは愛は結婚の前提ではなかったということ、とくに支配エリート層では、愛し合ってから結婚という流れはほとんどなかったということです。

エリート層にとって結婚は家同士の同盟とほぼ同義で、家の都合が大きな比重を占める見合い結婚が一般的だったので、当事者の感情を優先する恋愛結婚は、支配階層の慣習に反するものとして、不倫以上に忌避されていました。

独裁官《ディクタトル》をつとめたスッラは、剣闘士試合を見物していたときにたまたま声をかけられた女性に一目惚れし、あげくに結婚までしてしまいますが、この出来事についてプルタルコスは、「スッラは思慮のある立派な動機から結婚したのではなく、青年のように、最もみだらな劣情のそそられる容姿や色気にとらわれたのである」と厳しい評価をくだしています（「スッラ伝」三五）。

私たちは、夫と妻が互いを大切に思う気持ちや夫婦の仲睦《むつ》まじい関係を「夫婦愛」という言葉でよく表現しますが、ローマ人はこのような理想的な夫婦像を「愛《アモル》」ではなく「調和《コンコルディア》」という言葉で専ら表現していました。それぞれの家の都合を背負った夫と妻にとって大事なことは、達成すべき共通の目的に向けて心《コルディア》を一つ《コン》にすることであって、周りを顧みずに情熱的に愛しあうことではなかったのです。

ニュアンスはちょっと違いますが、フランスの作家サン＝テグジュペリの「愛するとは、お互いに見つめ合うことではなく、いっしょに同じ方向を見つめることである」という有名な言葉が思い出されます。

エリート層の夫婦にとってまず達成すべき共通の目的は、跡取りとなる息子をもうけて家系を維持することでした。子宝に恵まれない場合には、それを理由に結婚が解消されることもありました。また、三頭政治家の一人であったレピドゥスの政治迫害に気丈に耐え抜いたある女性（史料が欠損していて、名前は不明）のように、自分の代わりに子を産んでくれる代理母を自ら探そうとした事例もあります（『ラテン碑文撰集』八三九三番）。

リウィアが夫アウグストゥスのために、自ら処女を探してきて夫に提供したというエピソードも、アウグストゥスの子を流産し子宝に恵まれなかったがゆえの行動だったのかもしれません。ちなみに、リウィアは、「調和《コンコルディア》」の概念を神格化したコンコルディア女神の神殿を奉献しました。

さらには、カエサルの政敵であった小カトーは、子宝に恵まれなかった友人ホルテンシウスの懇請に応《こた》えて、小カトーの三人目の子を身ごもっていた妻マルキアを離縁して、ホルテンシウスに与えています（プルタルコス「小カトー伝」二五）。

目的達成のために夫と妻がとったこれらの行動を見ると、それは夫婦というよりもビジネス・パートナーと表現したほうがいいようにも思えてきます。

とはいえ、こんにち私たちが思い描くような「夫婦愛」が存在しなかったというわけではありません。先ほど紹介した、代理母を自ら探そうとした女性は、内乱に敗れて亡命生活を余儀なくされた夫のために、自分の金や宝飾品を敵の目をかいくぐりながら何度も仕送りし続けた一方で、夫の祖国復帰を訴えてレピドゥスの足下にひれ伏し、足にしがみつき引きずられ、あげくに奴隷のように放り出されて身に傷を負ったにもかかわらず、なお朗々と夫の祖国復帰を訴え続けて、ついには夫の復位を勝ち取りました。『恋愛指南』を書いたことでアウグストゥス帝によって僻地トミス（現コンスタンツァ）へと追放されたオウィディウスもまた、妻との哀しい別れを偲《しの》び、その情景を恋々と歌っています。

> 妻は去り行くわが肩にすがり、私の涙に悲しみの言葉をとけ込ませた。「あなたを取り去れるものですか。いっしょに、ああ！ 私たちは一緒に行くのです。あなたについて行きます、私も国を追われて、亡命者の妻になります。……あなたに祖国を去れと命ずるのはカエサル（＝アウグストゥス）の怒りですが、私にはあなたを敬い慕う心《ピエタス》が命じます。この心《ピエタス》こそが、私にとってのカエサルとなるのです」。
>
> （『悲しみの歌』一・三・七九〜八六）

女のナンパの仕方や姦通の技術を得々と説いた人が書いたとは到底おもえない「夫婦愛」の描写です。

こうした「夫婦愛」がさらに昂《こう》じて、感動すら覚える心中事件に帰着した有名な事例もあります。四二年に反乱の罪で死刑を宣告されたカエキナ＝パエトゥスとその妻アッリアの事例です。

アッリアは、夫が処刑される前に一緒に心中することを決意しましたが、娘婿はアッリアを死なせまいと監視しつつ、彼女にこう問いました。「私が死なねばならなくなったとき、あなたの娘が私と一緒に死ぬことを願いますか」と。アッリアは答えます。「私とパエトゥスがそうであったように、娘があなたとそれほど長く心を一つに《コンコルディア》して生きていたなら、私は娘の死を願います」と。そして、自分を監視したとしてもそれは自分に見苦しい死に方をさせるだけで、決して死なせないようにはできないのですよ、と言い放つなり、彼女は、座っていた椅子から飛び降り、大きな衝撃音とともに、正面の壁に頭を叩《たた》きつけてみせました。

楽な死に方を許さなければ、きっと難しい死の道を見つけるにちがいないと周りの者も諦《あきら》め、かくしてアッリアは夫パエトゥスと共に自死しました。アッリアは短剣をまず自分の胸に深く突き刺してからその切っ先を引き抜き、短剣を夫に差し出しながら、「パエトゥス、痛くなんかありませんわ」と励ますように言い添えたそうです（小プリニウス『書簡集』三・一六）。

これらの事例からしても、私たちが「夫婦愛」と呼ぶような睦まじい関係がローマの夫と妻との間にもあったことは確かです。ただし、これらの事例でも、愛《アモル》ではなく、敬い慕う心《ピエタス》であるとか協調《コンコルディア》という言葉が用いられているという点に注目してください。すでに述べたように、ローマ人にとって、危険な力で人間関係を不安定にさせる愛は、夫婦関係を表現するのに相応《ふさわ》しい言葉ではなかったのです。

もう一つ注目すべきことは、ここで紹介した事例を含め「夫婦愛」を示すほとんどのエピソードにおいて、その主人公は妻であるということです。

ローマでは、「夫婦愛」であれ「親子愛」であれ、それを行動で示し証明すべきは、本性的に劣った者のほう、つまり、夫ではなく妻、親ではなく子のほうであると一般に観念されていました。言い換えるならば、本性的優者は存在自体が手本なのだから、あえて行動で示す必要はないというわけです。行動の指針となる「妻の手本」や「女の手本」をテーマにした著作はありますが、「夫の手本」「男の手本」といった類《たぐ》いの著作がローマで書かれなかったのも、このためでしょう。

ちなみに、二世紀の歴史家アッピアノスは「妻の手本」として、追放された夫を救った妻、亡命生活を送る夫をあらゆる手段で支援した妻、助命嘆願が叶《かな》わず夫の死に殉じた妻をあげていますが（『内乱史』四・一五）、アッピアノスのこれらの事例は、先ほど紹介した「夫婦愛」の事例（夫の亡命生活を支えながら、レピドゥスから夫の復位を勝ち取った女性、夫とともに自死した烈女アッリア）とぴったり一致します。

また、一世紀前半の著作家ウァレリウス＝マクシムスは「妻の手本」として、スキピオ＝アフリカヌスの妻テルティア＝アエミリア、ルクレティウス＝ウェスピッロの妻トゥリア、レントゥルス＝クルスケッリオの妻スルピキアの三人をあげています（『著名言行録』六・七・一～三）。

テルティア＝アエミリアは、夫が奴隷身分の少女と愛人関係にあることを知りながらそれを許し、そればかりか夫の死後その少女を奴隷解放して別の男に嫁がせてやったほどに「親切で忍耐強い女性」と称《たた》えられています。トゥリアは、追放刑を受けて死の危険が迫っていた夫をとっさの機転で隠し部屋にかくまって、あわやのところでその命を救った女性です。スルピキアは、奴隷の姿に身をやつして家族の監視の目を逃れ、シチリアへ追放された夫のもとへと馳《は》せた女性です。このスルピキアの姿は、トミスへと追放されるオウィディウスに、私も一緒に行きますと泣いてすがった妻の姿と重なります。また、レピドゥスと気丈に渡り合った例の女性は、内乱に敗れて命の危険が迫っていた夫を隠れ処《かくが》へと落ちのびさせましたが、これはトゥリアの姿と重なります。そして、夫の愛人を恨むどころか最後までその面倒をみたテルティア＝アエミリアの「忍耐強い」行動は、自ら処女を探してきてアウグストゥス帝に提供した妻リウィアのそれを髣髴《ほうふつ》とさせます。「夫婦愛」を示す事例として図らずも私が紹介した妻たちは、実のところ、ローマの男たちが一方的に設定した「妻の手本」通りに行動した妻たちと、何ら変わるところのない女性たちだったのです。そんな女性たちを「夫婦愛」を示す事例として紹介した私自身が、古代ローマの男たちと同じ価値観や偏見に囚われてしまっていると言ってよいのかもしれません。

第10章　結　婚

手権婚と無手権婚

紀元前一世紀後半の歴史家ディオニュシオス＝ハリカルナッソスは、最初期のローマの結婚について次のように説明しています。

（初代の王）ロムルスは、一つの法を成立させることによって、女性を慎み深くさせていた。……すなわち、正式な妻は、神聖な結婚を通じて、夫の手のなかに入り、夫の財産や宗教を共有し、……妻が姦通《かんつう》したか否か、飲酒したか否かを裁くときには、四人の親族が夫とともに決定を下すよう定めていた。というのも、ロムルスは、妻の姦通も飲酒も死で罰することを認めていたからである。（『ローマ古代史』二・二五・一）

ほんとうにこのような法が実在していたかどうかは別にして、共和政末期以降のローマ人たちは、大昔のローマの結婚はこのようなものだと信じていました。夫の手（manus《マヌス》. マニキュアやマニュアルの語源）というのは、妻に対する夫の権力（手権という）のことで、古い時代のローマの結婚（研究者は手権婚と呼んでいる）では、妻は夫の手権に服することで夫の家の人間となっていました。

「夫の家の人間になる」というのは、たとえの表現ではありません。妻は法律上、実父の娘ではなくなり、夫の「娘」となりました。その結果、妻は実家での法定相続権を失うだけでなく、妻の個人財産も夫のものとなりました（ただし、夫が死亡したときには、妻は夫の「娘」として婚家での法定相続に加わることができた）。いうなれば、この古い結婚は養子縁組に近いものだったのです。

この古い結婚は、ファール共食式、共買式、使用式という三つの手続きのいずれかをおこなうことで成立しました。ファール共食式とは、ファール麦の菓子を用いた厳粛な宗教儀式のことで、ユピテル神官になるパトリキ貴族身分の夫婦がこれをおこなっていました。共買式は、妻となる女性を夫側の家が買い取る手続きを象徴的におこなうものでした。使用式は、夫婦となる男女が一年間同棲《どうせい》して、男が女を「使用する」という手続きでした。

この結婚では、妻は夫の手権に服従することになるので、妻の権利は著しく制限されていたようです。

前掲のディオニュシオスは、夫には妻の姦通を裁く権利が認められていたと述べていますが、二世紀後半の文人ゲッリウスが伝えるところによれば、前二世紀前半の大カトーの時代においても、妻側には夫の姦通を裁く権利がいまだ認められていなかったそうです。

また、二世紀はじめの文人プルタルコスが伝えるところによれば、古い時代のローマでは離婚を申し立てる権利は夫にのみ認められ、妻には認められていなかったそうです。

しかしその後、前一世紀ころになると結婚のあり方にも変化が生じ、妻は夫の手権に服さずに、実父の娘のまま嫁ぐようになりました（研究者は無手権婚と呼んでいる）。これによって妻は、実家での法定相続権を保持し続けました（ただし、妻は、死亡した夫の財産に対する法定相続権を失った）。

こうした変化が生じたころ、妻にも離婚を申し立てる権利が認められています。また、妻の持参金は、結婚解消のときに返還されることも法で定められました。結婚をめぐるこうした変化は、女性の社会的地位が上昇したからと説明されることがあり、新しい結婚のことを自由婚と呼ぶ研究者もいます。しかし、ここで注意しておきたいことは、古い結婚（手権婚）において、妻となった女性は法律上、夫の娘として扱われていましたが、新しい結婚（無手権婚）においても、妻は実父の娘のままであったということです。つまり、新旧どちらの結婚でも、妻となった女性は「娘」の地位にとどめおかれ、管理されていたのです。

ラテン語で結婚のことをmatrimonium《マトリモニウム》といいます。この言葉の元々の意味は、母(mater《マテル》)となること、でした。つまり、ローマでは、女性は家の跡継ぎとなるべき子をもうけるために結婚していたといっても過言ではないでしょう。ローマではとりわけ乳幼児の生き残りが難しかったので、妻の出産能力は、家や国の存亡を左右するものでした。

子をなして母となった女性は、家母（mater familias《マテル ファミリアス》）と呼ばれて、尊敬されていましたが、他方、子を産むことのできない妻は、それを理由に離縁されることもありました。また、代わりに子を産んでくれる代理母を探している事例もあります（第9章を参照）。

こうして見てみると、古代ローマにおいては、妻の存在感というものがほとんどないような印象を受けます。女性は、結婚する前は実父の娘として扱われ、結婚しても実父の娘または夫の娘として扱われ、早く母となることを求められていたのです。極言すれば、ローマの女性たちは、娘として生きるか、母として生きるかのどちらかだった、ともいえるでしょう。

ローマ法は、男性が一四歳になったとき、または身体検査で結婚可能と判断されたときに結婚を認めていました。これに対して女性には、初潮を迎えて妊娠が理論上可能となる一二歳で早くも結婚を認めています。

上層の女性たちのなかには、法定年齢の一二歳に達する前から許嫁《いいなずけ》の家に出されている事例もあり、社会階層が上になるほど、初婚年齢も若くなる傾向にあったようです。その背景には、政略結婚という政治的要因もありましたが、もう一つ重要な要因として、できるだけ多くの子供を産んでほしいという社会からの無言の要請があったのです。

なお、やっと初潮を迎えたくらいの処女の身で嫁がされる場合、新妻が初夜を怖がることも間々ありました。また、未成熟な子宮を傷つけて後々の妊娠出産に障りが出ないようにとの配慮もあって、新婚初夜にはアナルセックスがおこなわれることも少なくなかったようです（マルティアリス『エピグランマタ』一一・七八、『プリアポス讃歌』三）。

現代人の感覚からすればアナルセックスのほうがよほど怖いような気もしますが、第8章の性のところでお話ししたように、男根を挿入するという行為自体に政治性や軍事性、宗教性がともなっていたために、それへのこだわりがアナルセックスという形に結びついていたのでしょう。

結婚の条件

現在の日本では、役所に婚姻届を提出することで法律上の結婚が成立しますが、ローマの場合にはこうした手続きは求められませんでした。とくに新しい結婚（無手権婚）が主流となってからは、結婚の資格のある者たちに結婚の意思さえあれば、それだけで結婚は成立すると考えられるようになりました。

役所への届出という制度もなかったし、結婚式をあげる必要もありませんでした。また、夫となる男性が不在でもかまわないし（ただし、妻となる女性の不在は認められていなかった）、同居も求められていませんでした。「同衾《どうきん》ではなく同意が結婚を作る」というローマ法の格言が、ローマの結婚の特色をよく表現しています。

ただし、結婚の意思さえあれば誰でも結婚できたかというと、そうではありません。原則としてローマ市民同士でなければ、ローマ法上の結婚はできませんでした。また、法定年齢を超えていなければなりませんでしたし、四親等よりも近い親族との結婚は禁止されていました。ちなみに、クラウディウス帝が父方オジと姪《めい》（三親等）の結婚を合法としましたが、普及はしなかったようです。

さらに、アウグストゥス帝の時代になると、元老院家系の者と俳優、売春婦、女衒などとの結婚、兵役中の兵士との結婚、属州の役人と在地女性との結婚、後見人と被後見人の結婚が認められなくなるなど、さまざまな条件が付け加えられました。

以上で述べたような法的条件の他に、家柄や財産といったような社会的条件も満たさなければなりませんでした。ローマでは、同じような階層、同じような家柄のなかで配偶者選択がおこなわれていたからです。

二世紀はじめの元老院議員であった小プリニウスが、友人の姪の婿探しを依頼されて、一人の若者を推薦している書簡が残っていますが、そこで小プリニウスは、この若者が同じ故郷の出身であること、りっぱな家柄の出身であること、出世を遂げていること、気品と風格を備えていること、裕福であることをあげて、花嫁の家のために「孫を生むに相応《ふさわ》しい若者を選ぶ」と言明しています（『書簡集』一・一四）。

花婿に求められた条件（家柄や財産等）は同時に花嫁にも求められていました。ちがうところといえば、女性はいかなる行政職にも就任できなかったので、出世云々《うんぬん》は関係ありませんでした。しかし、その代わりに、貞節な妻になれるかどうかが非常に重要視されていたので、初婚であれば、花嫁が処女であることが強く求められていました。つまり結婚前に男と遊んでいるようでは困るわけです。

加えて、花嫁側には嫁入りの持参金を準備することが求められていました。この持参金のことを嫁資（dos《ドス》）といいますが、これを準備できない女性は理想の結婚を望むべくもなく、近親の者や自分の被解放自由人と結婚せざるを得ない場合もありました。この嫁資の問題についてローマ法はこう述べています。

嫁資に関わることは、いつでも、どこでも、まず最優先されるべきである。なぜならば、女性のために嫁資が保全されていることが、国家にとっても重要だからである。最も必要とされることは、子を産むために女性に嫁資が与えられていることであり、子を国家に供給することである。（『学説彙纂《いさん》』二四・三・二）

遅くとも前三世紀ころまでには、花嫁は持参金を携えて嫁ぐというのが既成事実化していたので、嫁資の問題は個人の域をこえて、国家の関心事となっていたのです。

嫁資額がどれくらいであったのかについては、二世紀半ばの作家アプレイウスが、貴重な情報を与えてくれています。彼は、北アフリカの大富豪の未亡人プデンティッラと結婚しましたが、そのときに得た嫁資が三〇万セステルティウスでした。プデンティッラの総資産額が四〇〇万セステルティウスほどだったので、嫁資は総資産の七・五パーセントにあたり、これはおそらく彼女の年収に匹敵する額だったと考えられています。

近世ヨーロッパにおける嫁資が年収のおよそ三～五倍ほどだったのと比較すれば、ローマの嫁資はそれほど多額だったとはいえませんが、身の丈以上の結婚を高望みするならば、嫁資額もそれなりに跳ね上がったので、その負担は深刻な問題として家計にのしかかったでしょう。庶民がどれほどの嫁資を用意していたのかは、史料不足のためよくわかっていませんが、可処分所得のない庶民層が年収分に近い額を準備するのは大変だったでしょう。

また、女性は、再婚するときにも、あらためて嫁資を用意しなければなりませんでした。ある研究者の算定によれば、元老院および騎士階層の夫婦六組のうち一組が、結婚開始から一〇年以内に離婚し、もう一組が、結婚開始から一〇年以内に死別していたそうです。つまり、元老院および騎士階層の結婚のうち約三〇パーセントほどが離婚または死別によって一〇年以内に解消されていたことになります。これは、第二次世界大戦から一九六九年までのイギリスの情況に近く、現代のアメリカではこの数値は五〇パーセントほどになるそうです。

古代ローマでは、配偶者と離別または死別した者が、その後ひとり身であり続けるのは困難でした。とりわけアウグストゥス帝の時代に結婚が半ば義務化されてからは、独身のままでいることは難しかったにちがいありません。

一般的にいってローマでは、女性のほうが初婚年齢が若く、男性よりも女性のほうが再婚を経験する可能性が高かったので、ローマの女性あるいは女性の親族にとって嫁資は、人生で一度だけ準備すればよいというものではありませんでした。こうした情況は、女性側の人間に経済的にも心理的にも負担を感じさせ続けていたことでしょう。

ローマの結婚（とくに無手権婚）は、いかなる手続きも要しないことから、自由婚と表現されることがあります。確かに法的な観点からいえば、無方式で自由だったといえますが、しかし現実には、さまざまなルールや暗黙の了解というものが、結婚のあり方をしばっていたのです。

第11章　出　産

出産と出産数

ローマ人の出産については、紀元二世紀前半の医者ソラノスが自著『婦人科学』のなかで詳細に記述しています。出産は分娩《ぶんべん》椅子でおこなうのがよい、ただし、妊婦が弱っている場合には固いベッドで横になっておこなうのがよい、妊婦の腹部を温め、刺激のある臭いを嗅《か》がせると分娩の痛みは和らぐ、といった具合です。なお、帝王切開の技術はまだ確立されていませんでした。

その他にも、呼吸法や産婆の心得などについて、医者の立場から事細かに説明しています。医学的なレベルや施術の効果は別にして、妊婦と胎児の身を案じる姿勢は、古代ローマ人も現代人も同じだったようです。

ソラノスは、出産のときの産婆（ほとんどは奴隷または被解放自由人身分の女性）の重要性を強調し、その資質についてあれこれと注文をつけています。文字の読み書きができるだけではだめで、産婦人科の知識を十分にもっていること、体力と節度があること、迷信に囚《とら》われていないこと、などです。産婆は、分娩を助け、必要に応じて適切な処置をとるだけでなく、取り上げた子の身体検査をしたり、臍《へそ》の緒をいつ切ればよいかを見極めるなどの重要な役目を負っていたので、ソラノスの注文もそれほど理不尽なものではなかったのです。

第7章でお話ししたように、ローマは生き残りの難しい社会でした。とりわけ新生児の場合は、男女ともに三〇パーセント以上が一歳の誕生日を迎えることなく、この世を去っていました（第7章、表五を参照）。しかし、それにもかかわらず、ローマ帝国の人口は、伝染病の大流行といったような不測の事態による一時的な減少を除いて、緩やかに増え続けたと考えられています（第1章、表一と表二を参照）。また、年齢構成を見ると、赤ちゃんの生き残りが難しかったにもかかわらず、一〇歳未満の子が全体の二五パーセント近くを占めていました（第7章、表六を参照）。

これらの事実を踏まえると、ローマにおける出産数というものがにわかに興味ある問題として浮かびあがってきます。

ローマの女性は生涯に何人くらいの子を産んでいたのでしょうか。最近の人口学の知見によれば、乳幼児死亡率の高かったローマ帝国で人口を一定に保つためには、一五歳から四九歳までの出産可能年齢にあるローマ女性は、生涯に五人以上の子を産まなければならなかったと考えられています。

もしも、一人のローマ女性が生涯に産む子の数が平均して四人だった場合には、帝国人口は一〇〇年ごとに半減していく計算になるそうです。ちなみに、乳幼児死亡率の低い日本の場合には、女性は生涯に二・〇八人の子を産みさえすれば、今と同じくらいの人口規模を維持できるそうです。

ところで、一人のローマ女性から五人も六人も子供が生まれていたとすれば、ローマの世帯規模はさぞや大きかっただろうと考えてしまいがちですが、実際には、子供一人から三人に両親を加えた小家族が主流でした。ローマでは、とりわけ乳幼児死亡率が高かったので、五人も六人も子が生まれても、数年後、数十年後には小さな家族とならざるを得なかったのです。

事実、ハンニバルを打ち破ったスキピオ＝アフリカヌスの娘コルネリアは生涯に一二人の子をもうけましたが、そのうち無事に成人できたのは、あの有名なグラックス兄弟とその姉センプロニアの三人だけでした。またティベリウス帝の弟ドルススは、「たしかにたくさんの子供をもうけたが、三人しかあとに残さなかった」そうです（スエトニウス「クラウディウス伝」一）。伝記を書いたスエトニウスにとってはもはや、ドルススに何人の子が生まれたかは関心の外にあり、子が「たくさん」生まれたこと、そして三人しか生き残らなかったことを記録するだけで十分だったのです。

避妊と堕胎

古代ローマ人は、家や社会の将来を担ってたつ子供たちの誕生に多大の配慮を払っていた反面、避妊や堕胎といった産児制限にも少なからず関心をもっていました。
避妊についてソラノスは、以下のような方法を説いています。

妊娠するのに最適と言われている期間には、性交を控えるように配慮すべきである。性交中にその結合の絶頂に達したとき、つまり男性がまさしく射精しようとするとき、女性は息をつめて少し身を退くようにしなければならない。それによって精液が子宮腔の奥深くに流れ込まないようにするためである。さらに彼女は、すぐに立ち上がって、それからしゃがみ込み、くしゃみを誘発するようにすべきである。それから膣《ちつ》のまわりを丁寧にふき取り、あるいはまた冷たい水を飲むのもよい。妊娠を防止するには、子宮口に古いオリーブ油や蜂蜜《はちみつ》やヒマラヤ杉の樹脂や香膏を、それだけであるいは白鉛と一緒に塗るのも有効である。あるいは交接前に、銀梅花と白鉛で湿らせた蜜蠟《みつろう》、液状の明礬《みょうばん》、ワインの混ざった楓子香《ふうしこう》を塗ったり、子宮口に繊細な羊毛の房を詰めるのもよい。

（『婦人科学』一・六一）

これらの避妊法がどれほど有効であったかについては疑問もありますが、医学に関わるテーマを論じた古代世界の作家二六人のうち、一八人が具体的な避妊法に言及していることからもわかるように、当時の人びとが避妊に高い関心を払っていたことは確かでしょう。
ローマ時代の医師たちは、堕胎についても詳しく説明しています。重い荷物を運んだり、ウォーキングやジャンプ運動を三〇日以上続ける全身運動法、瀉血《しゃけつ》や下剤・洗腸を施したり、刺激のある飲食物を摂《と》る全身療法、銀梅花や月桂樹《げっけいじゅ》などの薬草を用いた腰湯・湿布・軟膏で子宮周辺に刺激を与える局部療法、そして胎児を母胎から切断したり、灰掻《はいか》きのような器具で掻き出す外科手術などが知られていました。

堕胎は母体に重大な損害を与えることになるので、当時の医師たちは、堕胎よりも避妊を奨《すす》めています。こうした産児制限について、二世紀はじめの諷刺《ふうし》詩人ユウェナリスはこう述べています。

貧しい女たちは、出産の危険と運命が負わせる子育てのあらゆる労苦に耐えるのだ。だが、金持ちの黄金づくめのベッドには、ほとんどいかなる産婦も横たわることはない。子を作らせずに、人間の胎《はら》の中で殺すことに力をかす堕《おろ》し家業の技術にはそれほどの力があり、飲み薬にもそれほど力があるのだ。（『サトゥラエ』六・五九二～五九七）

ユウェナリスの記述を信じるならば、産児制限をよくおこなっていたのは、庶民層よりも富裕者層だったようです。事実、ローマの文学作品は、すでに共和政の時代からくりかえし少子化の危機を訴えていますが、これは、主たる読者層である上層の人々に向けられた非難であり諷刺だったのです。

乳幼児の死亡率が高かったのに加えて、上層の人々が避妊や堕胎をよくおこなっていたとすれば、当然のことながらそれは上層家系の存続の危機を招いていたことでしょう。ある研究者の調査によれば、元老院家系の四分の三ほどは二世代たらずで断絶の憂き目を見ていたといいます。

アウグストゥス帝は、前一八年の婚姻階層に関するユリウス法と後九年のパピウス・ポッパエウス法で、おもに上層の人々に向けて結婚と出産を奨励する施策をうちだしました。二〇歳から五〇歳までの女性と二五歳から六〇歳までの男性はすべて結婚状態にあるよう法で義務づけ（ちなみに大カトーは八一歳で息子をもうけた）、独身者や子のない夫婦には相続や贈与で不利になるような罰則を定めつつ、その一方で、「子の権利」という制度を創設して子だくさんの親にさまざまな特権を与えました。

飴《あめ》と鞭《むち》を巧みに使い分けたアウグストゥス帝による産めよ増やせよの政策は、世間では非常に不人気で反発もありましたが、結局これらの法が廃棄されることはありませんでした。また、五賢帝時代には、アリメンタ制度という貧民の子らを対象とした扶養制度――主にイタリア半島に限られてはいましたが――もおこなわれるようになりました。こういった動きは、少子化に対する危機感がいかに強かったかを示しています。

ただし、ここで注意すべきことは、少子化を危ぶむ意見が根強くあったにもかかわらず、ローマ帝国の人口は総じて増加傾向にあったということです。つまり、少子化への危機感は必ずしも社会全体の現実を正確には反映していなかったということです。ローマにおける少子化問題なるものは、為政者や富裕者など上層の人々にとっての仮想現実にすぎなかったといえるでしょう。

新生児の遺棄

ローマ社会では、避妊や堕胎に加えて、新生児の遺棄も少なからずおこなわれていたようです。神話や小説のなかで遺棄の場面がよく描かれていますが（そもそもローマの建国者ロムルスとレムスも捨て子だった）、現実の事例も少なからず知られています。

有名なところでは、アウグストゥス帝が、孫娘のユリアが産んだ子の養育を拒否していますし、クラウディウス帝は、后《きさき》のウルグラニッラから生まれた娘クラウディアをウルグラニッラの実家の玄関前に裸で置き去りにするよう命じています。

庶民層における嬰児《えいじ》遺棄については、エジプトで発見された一枚のパピルス史料がその実態をよく伝えてくれています。これは、アレクサンドリアに出稼ぎに出ていたヒラリオンという若者が故郷の村に住む妻アリスに宛てて書いた手紙です。

僕たちはまだアレクサンドリアにいます。そのことを知っておいてください。他の者が帰郷して僕だけがアレクサンドリアに残っているからといって、心配しないでください。給料が出たらすぐに仕送りするので、子供の世話をよろしく。僕が戻る前に赤ん坊が生まれるようなら、男の子はそのままにしておいて、女の子のほうは捨ててください。君は『どうか私を忘れないで』という伝言をアフロディシアスに持たせて寄こしたけれど、僕が君のことを忘れるなんてありえないよ。どうか心配しないでください。

（『オクシュリュンコス・パピルス』七四四）

故郷に残してきた身重の妻のことを心配する夫の愛情がつづられた手紙の一節に、さりげなく新生児遺棄のことが触れられています。そこには子を捨てることの深刻さや悲しみといった感情はまったく見られません。あたかも日常の風景であるかのように、子捨てのことが記されているのです。このさりげなさこそが、古代地中海世界において新生児遺棄が広くおこなわれていたことを、よりいっそう生々しく証言しているといえるでしょう（ある研究者の算定では、女子が遺棄される割合は男子の約二倍）。

捨てられてしまった子供の多くはそのまま絶命していたでしょう。しかし、なかには運よく誰かに拾われて生き延びることができた者もいたでしょう。

ローマでは、こうして生き延びた者は、拾ってくれた人の奴隷として仕えることが多かったようです。ローマ時代のエジプトでは、「糞便《ふんべん》」を意味するギリシア語のKopreus《コプレウス》という名前をもった奴隷の存在が確認されており、彼らは公衆便所などに捨てられた子供たちであったと考えられています。また、帝国東部では、「養う」という意味のギリシア語に由来するThreptos《トレプトス》と呼称される奴隷たちがいましたが、かれらもまた、捨てられたのちに拾われて奴隷となった者たちでした。

研究者のなかには、「ローマの平和」によって大規模戦争がやみ、戦争捕虜という主要な奴隷供給源が枯渇したのちのローマ社会においては、捨て子出身の奴隷が、ローマの経済や社会を底辺で支えていたと考え、こうした遺棄奴隷が元首政期における奴隷人口のおよそ半数を占めていたと推測する者もいます。

史料不足のため、この数値の当否を検証するのは難しいのですが、遺棄奴隷が存在したことは確かです。社会風習と経済システムとが複雑に絡みあっていたために、結局、遺棄に強く反対していたキリスト教が国教化されたのちも、子捨ての風習がなくなることはありませんでした。

第12章　老　後

老後の理想と現実

ローマ人にとって理想の老後とは、どのようなものだったのでしょうか。二世紀はじめの小プリニウスは何通かの手紙のなかで、彼と同時代の老人たちを紹介しながら、自分が理想とする老後を描いています。

一人目は、執政官職《コンスル》を三度もつとめたルキウス＝ウェルギニウス＝ルフスです。この人は八三歳で死去しましたが、その晩年の三〇年間を「自分の栄誉を楽しみながら……魂の深い平静のなかで、それに劣らぬ深い敬意に包まれて」頑健に生き、「年齢でも……名誉でも満ち足りて」この世を去り、国葬にふされました（『書簡集』二・一）。

二人目は、三人の皇帝のもとで要職を歴任したティトゥス＝ポンポニウス＝バッススです。彼は、「生涯の初期と中期は祖国に、後期は自分自身に」与えた人で、老後は「閑暇を有効に振り分けて享受し……快適に暮らし、身体を鍛え……毎日学んで何か知識を」加えていった人でした（同四・二三）。

しかし、小プリニウスが最も理想としたのはティトゥス＝ウェストリウス＝スプリンナでした。軍隊で活躍したスプリンナの老後の生活は規律正しく、朝はまず読書、それから四・五キロメートルの散歩をこなして朝食をとります。朝食後は友人との清談や朗読、屋外での読書で楽しいひとときを過ごします。そのあと、妻や友人と輿《こし》に乗って親密な会話を楽しみます。軽く昼食をとると再び一・五キロメートル散歩し、それから書斎にこもって詩作に没頭しました。冬は午後二時ころ、夏は午後三時ころから入浴するのが常でした。しかし、入浴といってもただ安穏と湯につかるのではなく、風がなければ裸で散歩し、鞠《まり》遊びで運動していました。入浴を終えると、しばらく横になって休み、それから遅めのつましい夕食をとっていました。このようにスプリンナは、完全な平静と秩序ある生活を送っていたので、「七七歳を過ぎても、聴力も視力もまったく衰えず、そのため動作もきびきびと、表情もいきいきとして」いたそうです（同三・一）。

以上を要するに、小プリニウスにとって理想の人生とは、引退するまでは祖国に尽くし、引退後は自分自身に尽くす生き方でした。自分自身に尽くす老後とは、人に恥じない趣味で暇となった時間を楽しむことでした。

小プリニウスに限らず、多くのローマ人にとって（といっても、上層のローマ人にとって、という意味だが）の理想の老後は、otium《オティウム》 honestum《ホネストゥム》という言葉に要約できます。直訳すると「名誉ある閑暇」ですが、わかりやすくいうと、老後の時間を高尚な趣味に費やし楽しむこと、同輩や後輩の範となるように最期を生きること、でした。

しかし、この名誉ある閑暇を実現させるためには、名声、財力、教養の三つに加えて、心身の健康が必要条件でした。小プリニウスは、これらの諸条件がすべてそろって初めて理想の老後を送ることができる、と信じていたので、三二歳で痛風を患って以来、その痛みに苦しめられ続け、老境にいたってもはやその痛みに耐えられなくなったクィントゥス＝コレッリウス＝ルフスが自ら食を断って六七歳で自害したことを、ひどく悲しみましたが、と同時に、その死に方に理解も示しています（同一・一二）。大事なのは、どれだけ生きるかではなく、いかに生きるかである、という哲学者セネカの考え方を、四〇年後の小プリニウスも共有していたのです。

ローマ人にとっての理想の老後について長々と述べてきましたが、実のところそれは、現代の私たちが考える理想の老後と大した違いはありません。要は、楽しく元気で豊かな老後に尽きるからです。しかし理想というものは、実現が難しいからこそ理想となるのであって、現実はなかなか厳しいものがありました。

ローマ人とて同じ人間ですから、私たちと同じ老いの悩みを抱えていました。諷刺詩人《ふうし》のユウェナリスは、老化による心身の衰えを容赦なく描写しています。

冷え性になった老体は、ごくわずかの血しかなく、暖かいといえば熱病ばかりで、あらゆる種類の病気が戦列をととのえ周りをはねまわっている。……こちらの老人は肩が、こっちは腰が、こっちは尻《しり》のあたりが脆《もろ》くなる。こっちの老人は……ツバメの子そっくりに、食事を目にするやあんぐりと口を開いて、白っぽくなった唇に他人の指をかりて食いものを食べさせてもらう。けれども、手足のどんな損傷よりもひどいのは呆《ぼ》け(dementia《デメンティア》)であって、奴隷たちの名前も、過ぎし日に夕食をともにした友人の顔も、自分が生んで育てた息子らも、誰だか判らなくなる。

(『サトゥラエ』一〇・二二七〜二三六)

いま日本の高齢者が最も恐れているのは寝たきりとぼけ(認知症)だそうですが、どうやら古代ローマの高齢者も同じだったようです。諷刺詩人ですら老人性のぼけに気づいていたのですから、ローマの医者たちも当然ながらその存在を知っていました。

たとえば、二世紀後半の医師ガレノスは、アルファベットや自分の名前すら忘れてしまう症状が高齢者に見られることを指摘しています。また、同時期の医師アレタイオスは、感覚が麻痺《まひ》または死滅してしまう老人特有の症状のことを、ギリシア語でlērēsisと命名しています。レーレーシスとは、直訳すると「愚かに話すこと」ですが、つまりは、ぼけてしまってまともに話せなくなった状態のことです。

何とも不幸な話ですが、こうした老人性のぼけで後世に名を残したローマ人がいました。前三一年のアクティオンの海戦で活躍した将軍であり、法廷弁論でも名をはせたマルクス＝ウァレリウス＝メッサラ＝コルウィヌスです。

一世紀半ばの博物学者プリニウスは、緩やかな記憶喪失（つまり老人性のぼけ）の事例としてコルウィヌスの名をあげ、「雄弁家のメッサラ＝コルウィヌスは自分の名前を忘れた」と記録しています（『博物誌』七・二四）。また、五世紀はじめの聖書学者ヒエロニュムスによれば、「雄弁家のメッサラ＝コルウィヌスは、死ぬまでの二年間、記憶と知性を失い、わずかな単語もつなげることができなくなり」、最後は自ら食を断って自害して果てたそうです（『年代記』七一H）。コルウィヌスは紀元後の八年に七二歳で自らこの世を去りましたが、その後四〇〇年ちかくの間、ぼけてしまった著名人として語り継がれたのでした。

老後の保障

ここ最近の日本では年金不安がひろがり、老後の保障が大問題となっていますが、古代ローマではどうだったのでしょうか。公的年金や生活保護のような制度は存在していたのでしょうか。

結論からいえば、そのような公的制度はローマにはほとんど存在していませんでした。「ほとんど」といったのは、前五八年以降の首都ローマには、成人市民男性を対象とした穀物の無料配給制度が存在し、これが一種の生活保護の機能を担っていたからです。ただし、この穀物の無料配給制度は、老人をとくに対象としていたわけではありませんし、また、必ずしも貧しい者が対象となっていたわけでもないので、社会のセイフティネットとしては不完全なものでした。

富裕者による私的な施しもおこなわれていましたが、これはあくまでも個人の好意に任されていました。したがって、古代ローマは福祉国家とはほど遠い状態にあったといえるでしょう。

ローマ帝国における六〇歳以上の人口は、総人口のわずか五〜一〇パーセント程度だったと考えられています。他方、二〇一五年の段階で、日本における六〇歳以上の人口は、総人口の三三パーセントを超え、これからもどんどん増え続けていきます。つまり、いまの日本が老人大国への道を歩み続けているのに対して、古代ローマは老人の少ない若い社会だったのです(第7章を参照)。したがって、ローマにおいて高齢者福祉が政策課題となる場面は、現在の日本と比べてみて、きわめて少なかったといえるでしょう。

とはいえ、ローマの高齢者のなかで、生活に何の憂いもない富裕者はごく一握りにすぎませんでした。残りの多くの高齢者は、何らかの支援なしには快適な老後をおくることもままならなかったと推測できます。では、そうした大半の貧しい老人たちは、どのような老後をおくっていたのでしょうか。

ローマ法は、子を養育する義務を親に課す一方で、子には老親を扶養する義務を課していたので、親孝行の子がいれば、老後の心配もそれほどなかったでしょう。しかし、子に恵まれないまま老境を迎える人も少なくなく、人口学の知見によれば、成人男性の二〇パーセントほどが子なしの状態だったそうです。

このように子に恵まれなかった場合、残された選択肢は、配偶者に面倒をみてもらうことでした。しかし、ローマ法は、老いた夫または妻の面倒をみる義務を配偶者に課してはいません。それどころか、三世紀はじめの法学者ウルピアヌスが「老齢、病気、軍役のゆえに、結婚は解消され得る」（『学説彙纂《いさん》』二四・一・六二）と述べているように、配偶者の老齢を理由に離婚することをローマ法は認めていました。

むろん、だからといってすべてのローマ人が、長年連れ添った配偶者を見捨てていたわけではありませんが、二世紀はじめの文人プルタルコスがそのような事由で離婚する者がいることに憤っているのもまた事実なのです。

では、家族もいない、老後の蓄えもない老人の運命はどうなっていたのでしょうか。二世紀の哲学者ユンクスは、そうした老人たちの苛酷《かこく》な境遇を描いています。

年老いて貧困にある者は、生から完全に解き放たれることを祈るだろう。なぜなら、あらゆるものを失ってしまうからだ。この者を導いてくれる人は誰もいない。生きる支えもない。まともな衣服もなければ、住まいも食べ物も持たない。この者のために水を汲む人さえいないのだ。

（ストバイオス『詞華集』五〇・二・八五）

ユンクスが描いているように、貧しく身寄りのない老人の多くは物乞《ものご》いに身を落としていたと考えられます。

これに関連して興味深いのが、三八二年の法です。この法は、すべての物乞い(mendicitas《メンディキタス》)の身体検査を実施して、まだ働くことのできる年齢で身体に障害のない物乞いを街路から排除し、奴隷とするよう命じています（『テオドシウス法典』一四・一八・一）。

この法から読み取れることは、少なからぬ数の老人が物乞いに含まれていたということ、そして、三八二年以降は、物乞いは老人と身体障害者にのみ許されたということです。この法の背景には、貧しい老人や身体障害者は物乞いとなっても仕方ない、だから大目に見てやろう、という考え方があったといえるでしょう。

では、身分序列の底辺にいた奴隷たちの老後はどうだったのでしょうか。

乳母や家庭教師としてご主人様のそば近くに仕えていた奴隷のなかには、老後に自由を与えられ、褒美として農場や個人年金を贈られる者もいました。その意味では、赤貧の自由人よりよほど恵まれていたといえるでしょう。しかし、こうした幸運に恵まれる奴隷はごく少数でした。

前二世紀前半の大カトーのような農事家は経済合理性の立場から、老齢や病気で働けなくなった奴隷は売却するよう勧めていますが、おそらく買い手はなかなか見つからなかったでしょうから、たいていは、奴隷解放されて放り出されるか、あるいは、奴隷解放の手間さえ惜しまれて遺棄されていたものと思われます。

四七年にクラウディウス帝は、働けなくなってアエスクラピウスの島（ティベリス川の中の島）に捨てられた奴隷はすべて自由身分とする旨の告示を出しています（スエトニウス「クラウディウス伝」二五）。ここでは、病気で働けなくなった奴隷が言及されていますが、老齢で働けなくなった奴隷の末路もさほどちがわなかったでしょう。

弁論家のアリスティデスは一四九年におこなった演説のなかで、彼なりの理想国家像を提示しています。そこにおいて貧者は援助を与えられ、富者はその持てるものを楽しむことができ、若者は秩序ある生活をおくり、老人は国家によって養われることになっています。

このように、ローマ時代にも、福祉国家を指向する思想はあったのですが、それが実現されることはありませんでした。基本は自力救済の世界でした。したがって、子も配偶者も、ご主人様も国家も当てにできないと早々に悟った賢明な貧乏人たちは、若いうちから蓄財に励んでいました。前一世紀後半の詩人ホラティウスは、そのような独立独歩の庶民の姿を働き蟻にたとえて歌っています。

百姓も……旅籠《はたご》の親父も軍人も……勇猛果敢な商人も、歳をとったら、それまでに蓄えたもので食いつなぎ、気楽に隠居の生活を送りたいとの一心で、こうした苦労に甘んじている。

（『諷刺詩』一・一）

また、一世紀の墓碑銘にはこう記されています。

ガイウス＝ユリウス＝ミュグドニウスは自由人としてパルティアに生まれたが、若いころに捕虜となり、ローマ領内へ売り渡された。ローマ市民となってからは、運命が命じる通り、五〇歳となるその日に備えて蓄財した。私は若いころから、（善き）老後を得ようと努めてきた。

（『ラテン碑文集成』二・一三七）

来るべき老後に備えて、若いうちからせっせと働く庶民の姿は、どうやら今も昔も変わらないようです。

第13章　死

死の季節

ある研究者の計算によれば、元首政期の首都ローマでは平均して一日に八〇人ほどが亡くなっていたそうです。しかし、最近の墓碑研究は、この死亡数がはね上がる「死の季節」とでも呼びうるような時季がローマにあったことを明らかにしています。それによれば、夏の終わりから秋の初めにかけて、成人の死亡数がはね上がる傾向を示しており、その原因は、夏に伝染病が猛威をふるっていたからでした。

一方、五歳未満の乳幼児の死亡数のピークは夏でした。乳幼児の死の季節が、成人のそれよりも早く訪れるのは、夏に流行する伝染病が、抵抗力のない乳幼児の命をまず奪っていたからだと考えられています。史料から特定できる当時の伝染病としては、腸チフス、マルタ熱、マラリア、結核、腺《せん》ペスト、麻疹《はしか》、インフルエンザなどがあげられます。飢饉《ききん》や戦争といった非常事態を除く平時にあっては、これらの伝染病が、当時の全死亡原因の約六〇パーセントを占めていたという専門家の推測もあります。

伝染病が定期的（とりわけ夏）にローマ世界を脅かしていた原因はいろいろと考えられますが、一つには、当時の都市や集落の立地があったと思われます。ローマの都市や集落は、水を確保するために水辺によく建設されていましたが、夏になるとしばしば水の流れが失われ、澱《よど》んだ水溜《た》まりを生じさせ、さらには、病原微生物や伝染病を媒介する害虫を発生させていました。

極端な例では、アプリア地方（南イタリア）の都市サルピアのように、毎年、近くの沼沢地から発生する伝染病の被害に遭い、ついには都市を放棄せざるを得ませんでした。サルピアの人々は、元老院の許可を得て町自体を移転させ、さらに沼地を海までつなげて水の流れをつくりだし、それでようやく健康的な生活をおくることができるようになったといいます。

一部のローマ人は、沼沢地の危険性を認識していました。たとえば、紀元一世紀半ばころの医師アテナイオスは、沼沢地から発生した瘴気《しょうき》が大気を汚染することによって、さまざまな病がひき起こされると説明し、とりわけ夏の沼沢地に気をつけるよう警告しています。また、前一世紀の建築家ウィトルウィウスは、都市や建築物を建設する際の立地として、沼沢地を避けるよう勧めています。同様に、ウァッロやコルメッラのような農事家も、農場を建てるときには、人間や家畜、養蜂《ようほう》用の蜂の健康のためにも、沼沢地を避けるよう助言しています。

ローマの医師たちは、ときおりその著作のなかで、都市環境の改善と伝染病の予防策を提言していますが、しかし、彼らの公衆衛生に対する意識が実際に国家の重い腰をあげさせることはありませんでした。彼らの発言力は、その社会的地位に相応して低かったからです。

沼沢地を原因とする伝染病は、定期的ではありましたが局地的な脅威にすぎませんでした。これに対して、ガイウス＝アウィディウス＝カッシウス率いる軍隊がパルティアから持ち帰ってしまった天然痘は、一六五年に全帝国規模で猛威を振るい、六〇〇〇万人以上（当時の総人口の一〇パーセントほど）の犠牲者をだしました。

この天然痘はそのまま帝国内に定着してしまい、その後もしばしば帝国内で大流行を繰り返し、一八九年の再流行では一日に二〇〇〇人が死亡したと伝えられています。

さて、五歳以上のローマ人の死の季節が、伝染病が流行《はや》る夏ころだったのに対して、新生児の死亡数のピークは一月から三月にかけてでした。新生児の死亡数が冬にピークを迎えるのは、晩秋から冬にかけてが誕生の季節だったからです。表五（第7章）にあるように、新生児のうち三〇パーセントほどが一歳になる前に死亡していたのですから、新生児にとっては誕生の季節が同時に死の季節でもあったのです。

葬儀屋

ローマでは、死は穢《けが》れをもたらすと観念されていたので、遺体を扱う葬儀屋もまた穢れと関わり深い存在と見なされていました。この点については、ナポリ近郊の都市プテオリの葬儀規定が興味深い知見を与えてくれます。

この仕事（＝葬儀）をおこなう者たちは、現在リビティナ女神の林がある塔のこちら側（＝市域内）に居住してはならない。また、入浴は夜の第一時以降にすべし。この者たちは、遺体の運搬、遺体の埋葬、刑罰の執行以外の理由で市域内に立ち入ってはならない。この者たちのうち誰かが、市域へとやって来るとき、または市域内に入るとき、あるいは市域内に滞在している間は常に、着色された帽子を頭にかぶるべし。この者たちのうち誰であれ、五〇歳以上であってはならないし、二〇歳以下であってもならない。

（『金石文年報』一九七一・八八）

このように死の穢れにかかわる葬儀屋は、市域内に住むことを許されず、職務以外の理由で市域内に立ち入ることも許されていませんでした。また市域内に滞在する場合も、一目でそれとわかるように特殊な色つきの帽子をかぶる義務が課されていました。さらには、死の穢れが伝染しないように、公衆浴場の利用も営業時間の終了後と決められています。

なお、同じく穢れと関わり深い奴隷の処罰も葬儀屋が請け負っていました。葬儀屋の年齢に上限と下限が設定されているのは、仕事柄、体力と経験を必要としたからでしょう。

リビティナ女神は死を司《つかさど》る女神で、ローマの死亡者名簿は彼女の神殿に保管されていました（ちなみにローマの街では、リビティナ女神の林はエスクィリヌス門の外にあった）。この女神の名にちなんで、葬儀屋は、libitina《リビティナ》または libitinarii《リビティナリイ》と呼ばれ、社会的には低い地位におかれていましたが、遺族は穢れた遺体にはできるだけ手を触れないほうがよいとされていたので、ローマにおいて葬儀屋の存在は不可欠でした。おそらくは、夏から初秋にかけての死の季節がかれらの繁忙期だったでしょう。

葬儀屋は様々な職能集団を抱えていました。弔問客の世話や儀式（葬送行列や剣闘士競技など）の手配をする役（dissignator《ディッシグナトル》）、塩や没薬《もつやく》などを用いて遺体を浄《きよ》めたり防腐加工する役（pollinctor《ポッリンクトル》）、故人を偲《しの》んで門前で挽歌《ばんか》を歌う泣き女（praefica《プラエフィカ》）、火葬場で遺体を焼く役（ustor《ウストル》）などがありました。また、葬儀屋は奴隷の処罰も代行していたので、処罰役（carnifex《カルニフェクス》）を抱えていた事例もあります。ちなみに、前述のプテオリの葬儀規定では、公有奴隷の処罰は無料で、私有奴隷の処罰は有料でした。

葬儀互助会

ある研究者の計算によれば、アウグストゥス帝時代の首都ローマでは、少なく見積もっても年に一五〇〇体ほどの死体が野ざらしのままだったそうです。行斃《いきだおれ》する者や、遺体を投棄する罰当たりも少なからずいたようです（前述したプテオリの葬儀規定では、遺体投棄者に対して、一体につき六〇セステルティウスの罰金を定めていた）。

ローマでは、きちんと埋葬されなかった死者は lemures《レムレス》と呼ばれる浮かばれない亡霊となって、生者の世界を脅かすと信じられていました。

四一年に暗殺されたカリグラ帝の遺体はこっそりとラミア庭園に運ばれて半焼きされたのち、埋めて軽く芝土をかけただけの扱いだったので、のちに遺骸《いがい》を掘り出し荼毘《だび》に付されるまで、ローマのラミア庭園にはカリグラの亡霊が現れ、「カリグラが倒れた屋敷の中にも、毎晩きまってなにか妖怪変化《ようかいへんげ》が現れた」そうです（スエトニウス「カリグラ伝」五九）。

ローマは死亡率が高く、また、このような死生観もあったので、ローマの人々の多く（とりわけ身寄りのない者や貧しい者）は、来るべき死のことを早くから意識し、自分の埋葬や供養のことに気を揉《も》んでいたことでしょう。そして、なかには、自分で葬儀費用を積み立てたり、身近な者たちで集まって互助会のようなものを立ち上げたりもしたでしょう。

実際、こうした葬儀互助会的な役割も担っていた組合（この会は本来、同じ神を信仰する礼拝者の組合だった）の詳細な規約（一三六年）が、ラヌウィウムの町（ローマ市の南三〇キロメートル）に残っています（『ラテン碑文集成』一四・二一一二）。

それによれば、入会金が一〇〇セステルティウス（＝四〇〇アス）、月会費が五アスで、所有主の許可があれば、奴隷の入会も認められていました。会員が死亡したときには、葬儀費用として組合から三〇〇セステルティウスが支給され、他所《よそ》で死亡した場合には、会員が派遣されて、きちんと葬儀がおこなわれる決まりとなっていました。葬送行列の費用五〇セステルティウスも計上されており、また、会員が定期的に集まって親睦《しんぼく》と供養のための饗宴《きょうえん》を催すことも決まっていました。

みじめな葬儀で最期を辱めないように、供養もされない忘れ去られた存在とならないように、庶民たちはこのような共済組織をうまく利用して、死後の安心を手に入れていたのでした。

埋　葬

共和政期初めの十二表法が「遺体を市域において土葬または火葬してはならない」と命じていたことからもわかるように、ローマでは古くから生者と死者の空間が峻別《しゅんべつ》され、埋葬はふつう市域の外でおこなわれていました。しかし共和政末期ころになると、こうした埋葬規制は形骸化したようで、その後たびたび規制の再確認と強化がおこなわれました。前四四年のユリア・ゲネティウァ（イベリア半島南部）の都市法では、法に反する埋葬をした者に五〇〇〇セステルティウスもの罰金を科しています。

埋葬形式は、キリスト教の影響で土葬が一般的となる五世紀ころまでは、土葬と火葬が並存していたようです。スキピオ家が属していたコルネリウス氏族では代々土葬がおこなわれていたという伝えが残っているように、家によって埋葬形式が異なっていた可能性もあります。

埋葬場所には、故人の名前や没年、略歴や家族関係が刻された木製や石製の墓標が建立され、その周囲を屋根瓦《がわら》や陶器の破片で囲って、個人墓の体裁が整えられていました。なかには、きれいに整地された一画に庭や四阿《あずまや》を備えた墓もありました。ただし、このように個人で墓所を所有できたのは、首都ローマの場合、総人口の一パーセントほどで、ほとんどの庶民は、columbaria《コルンバリア》と呼ばれる集合墓に葬られていました。コルンバリアは「鳩小屋」という意味で、墓室の壁一面に鳩の巣のようなアーチ形もしくは長方形の窪《くぼ》みが穿《うが》たれていて、そこに複数の骨壺《こつつぼ》が安置されていました。狭い空間に数百もの遺骨を安置できるコルンバリアは、人口過密と土地不足の問題を抱えていた都市部でとくに重宝されていたことでしょう。

前一世紀のウァッロが伝えるところによれば、ローマのエスクィリヌス丘のはずれに、puticuli《プティクリ》と呼ばれる大穴があって、そこに死体が投棄されていたそうです（プティクリは「腐る」「腐臭」に由来するラテン語）。このあたりは、身寄りも金もなく葬儀互助会にすら入会できない貧民や罪人が、夜の間にひっそりと動物の死骸や糞便《ふんべん》とともに投棄されて無縁仏となり果てていた場所でした。

前一世紀後半の詩人ホラティウスは、エスクィリヌス丘の無縁墓地のことをこう描写しています。

> この地は奴隷が、その狭い部屋から運んだ仲間の死骸を安い棺《ひつぎ》に入れて埋める所となっていた。道化師や遊び人といった種類の世の中の屑《くず》が、一緒に埋められる共同墓地となっていた。その墓地は、正面が一〇〇〇ペース（＝約三〇〇メートル）で、奥行きは三〇〇ペースで……近頃……人々の住宅地となった。しかし、今でも、哀れだが、白骨な

どで眼もやれぬ場面が展開しているが……。（『諷刺詩《ふうし》』一・八）

ホラティウスが述べているように、ここら一帯は前四〇年ころに、オクタウィアヌス（アウグストゥス）の友人マエケナスによって整地され、有名なマエケナスの展望台（あのネロ帝が六四年のローマ大火を眺望した場所）が建設されましたが、それでもかつての陰鬱《いんうつ》な雰囲気は払拭《ふっしょく》できなかったようです。

富裕者たちが金に飽かせて豪壮奇抜な墓を建立していた反面、貧民や罪人、孤独死した者や行斃《いきだお》れた者は、名前も記憶も奪われたまま、ゴミ捨て場と見分けもつかぬ穴のなかに葬られていました。社会の底辺にいた人々の葬儀が「秘密の葬儀《フヌス・タキトウム》」と表現されていた背景には、こうした過酷な現実があったのです。

第14章　後見制度

後見と保佐

父親を亡くした子は、たとえ成人していなくても自権者（第2章を参照）となり、法律上、財産を所有したり処分することが可能となりました。しかし、たとえばわずか一〇歳で自権者となってしまった場合、家の財産をその子に任せてしまうというのは、無謀な話です。そこでローマでは、「未成熟者（成人前の子のこと）の後見人」と呼ばれる成人男性市民が、子供たちが成人するまで（男子ならば一四歳まで、女子ならば一二歳まで）保護監督の役を果たしていました。

ローマでは後見制度は非常に重要なものと認識され、早い時期からこの制度が発達しました。その最大の理由は、高い死亡率のゆえに、親を早くに亡くす子の数が多かったからです。とくに男性は晩婚の傾向にあったので、我が子の成長を見ないまま死亡してしまう父親の数が少なくありませんでした。ある研究者の算定によれば、父親の四六パーセントは自分の子が一五歳になる前に死亡し、父親の七〇パーセントは自分の子が二五歳になる前に死亡していたそうです。

元来この後見役を引き受けていたのは、親等が最も近い男系親族でした（これを「法定後見人」という）。やがて紀元前五世紀半ばの十二表法（ローマ最初の成文法）は、望む者を遺言で指定することを認めました（これを「遺言後見人」という）。つまり、後見人選択の幅が拡がったわけです。この背景にも死亡率の高さがありました。父親を失った子のおよそ三分の一には、後見人にふさわしい男系親族がいなかったため、男系以外の親族や信頼できる友人の助力が必要だったのです。

時代が降《くだ》るにつれて、さらに選択の幅は拡がりました。前二一〇年になると、適当な後見人が存在しない場合には、政務官が後見人を指定する制度が始まったのです（これを「指定後見人」という）。

次に掲げるのは、この指定後見人の制度について興味深い知見を与えてくれるパピルス史料です（一九八年）。

エジプト長官クィントゥス＝アエミリウス＝サトゥルニヌスが、ユリウス・ティティウス法および元老院決議に基づいて、マルクス＝ユリウス＝アレクサンデルを後見人としてマエウィア＝ディオニュサリオンに与えた。……私ことマエウィア＝ディオニュサリオンが口頭で上記のユリウス＝アレクサンデルを後見人として要請した。マエウィアは文字を読み書きできないので、私ことガイウス＝ユリウス＝ヘラクレアがマエウィアの

ために要請書を書いた。（『ユスティニアヌス以前のローマ法源』三・二五）

ここで興味深いのは、指定後見人の制度が、官選という形をとりながらも、女性側主導でおこなわれているということです。女性側があげた後見人の候補者が、資格審査なしで追認されているのです。ある意味いい加減ともいえますが、視点を変えれば、この指定後見人の制度は被後見人側にたった制度といえるでしょう。

ローマの平均余命では、たとえば四〇歳で後見人になった者の七分の一は五年以内に、四分の一は一〇年以内に死亡していました。これでは、子が独り立ちする前に後見人のほうが死亡する恐れがあったわけです。こうした不測の事態が生じた場合に、被後見人の要請に応じて政務官が後見人を指定する制度は、非常に効果があったでしょう。

成人年齢に達した男の子は、「未成熟者の後見人」の保護監督から自由となり、自分自身の判断で契約したり遺言を作成したりすることが可能となりました。しかし、一〇代半ばで自立しろというのは無理な話で、やはり何らかの保護が必要でした。

そこで、前二世紀はじめのラエトリウス法は、成人はしたけれどまだ二五歳にはなっていない男子（これを未成年者という）に損害を与えるような契約をすべて無効とし、原状回復することを認めました。社会を成り立たせる基本単位としての家の財産を保護するという観点から、親を失った未成年者を手厚く保護していたのです。

しかし、考えてもみてください。一〇代半ばの子供ならまだしも、たとえば二四歳のいい年の男をここまで手厚く保護するのはどうでしょうか。

ローマでは、一七歳で選挙権を与えられ、入隊も可能となりました。また、二五歳といえば、帝政期には被選挙権も与えられて国家を背負って立つ政務官になれる年齢でした（共和政期は三〇歳）。政治や軍事の領域では一〇代後半で自立した大人を求めていた一方で、経済の領域では二〇代半ばになってもまだ自立できない大人を再生産するような矛盾した社会構造がローマにはあったのです。身体ばかりが大きくなり、口ばかりが達者になって、けれど経済的には自立できない若者の増加という、どこかの国でも見受けられる社会問題に、ローマも頭を悩ませていたのかもしれません。

こうした未成年者に対する過保護は、自立できない大人を生み出すという社会問題だけでなく、契約が無効となってしまうことを恐れて、未成年者と取引する者がいなくなるという経済問題もひき起こしていたことでしょう。

こうして、未成年者への過保護を是正する動きが徐々に高まり、未成年者との契約をすべて保護するという姿勢から、情況に応じて保護するという姿勢に変わっていきました。この改革の過程で、未成年者と安心して取引ができるように、契約の有効性を保証する役割として「保佐人」が未成年者につけられるようになりました。保佐人は、未成年者の自立と経済活動を支援する存在として、重要な役割を果たすようになったのです。

女性と後見

男の子は、成人すれば、「未成熟者の後見人」の保護監督からはずれていましたが、女の子の場合は、成人しても後見人から自由になることは原則としてありませんでした。女の子は、成人するまでは、「未成熟者の後見人」の保護監督の下におかれ、成人して以降は、今度は「婦女の後見人」と呼ばれる成人男性市民の保護監督下におかれたからです。

夫は妻の後見人にはなれないというのが原則だったので、この制度の背景には、妻の財産を夫から守るという意味があったのでしょう、結婚したのちも女性には「婦女の後見人」がつけられていました。これによって、女性は一生涯、後見人のもとに身をおき、イタリアの土地や奴隷といったような重要な財産を売却するときや、遺言を書いたり契約を結ぶときなどには、「婦女の後見人」の同意を必要としたのです。

このような女性の地位を指して、前一世紀前半のキケロは「すべての女性は知力が薄弱なので、我が祖先は女性が後見人の権力に服することを欲した」(『ムレナ弁護』一二・二七)と述べています。

キケロの言葉を信じるならば、ローマの女たちは一般にその能力を低く評価され、社会的にも法律的にも低い地位におかれて、さぞや窒息的な毎日を暮らしていたのではと思いがちですが、あまりそこばかりを強調しすぎるのは適切ではないでしょう。というのも、キケロが「わが祖先は」と時代を限定して述べていることからもわかるように、少なくとも共和政末期には、すべての女性の「知力が薄弱」だったとは見なされていなかったのですから。

また、この発言が法廷弁論の一部だったということも忘れてはなりません。なにしろキケロは、白を黒と言い立てる詭弁《きべん》の才にかけては当代随一の巧者だったのですから。事実、この発言内容には巧みな嘘がまぶしてあります。

婦女後見のあり方は、ローマにおける女性の地位というものと密接に関連しあっていました。後見人からの解放は、女性の自立を物語っているからです。

先ほど引用した指定後見制に関するパピルス史料が示唆しているように、後見人選定の過程では、官選とはいえ、女性の裁量の余地がかなりあったと思われます。また、共和政末期ころになると、女性が後見人を変更したい場合には、自分が望むあらたな後見人に自分自身を「売却」して一旦《いったん》その権力に服し、そののちに解放されて、その人物を後見人にすえることが認められました（これを「信託による共買式」という）。もはや、政務官の助けもかりずに、後見人を自ら指定することが可能となったのです。

こうして、ローマの女性たちは、自分が望む者を比較的自由に後見人とすることができるようになりました。第2章で紹介したペトロニア＝ユスタによる身分確定訴訟で、被告のカラトリア＝テミスの後見人ははじめガイウス＝ペトロニウス＝テレスフォルスという男でしたが、このテレスフォルスが一転して被後見人のテミスを裏切って、原告のユスタ側に有利な証言をしたため、テミスは後見人を急遽《きゅうきょ》変更する必要が生じ、マルクス＝カラトリウス＝スペンドンという男をあらたに自分の後見人としています。

この後見人の変更は信託による共買式を利用したものと思われますが、ここで注目すべきは、あたらしく後見人となったマルクス＝カラトリウス＝スペンドンの名前と、被後見人のカラトリア＝テミスの名前が同じだという点で、これは、あたらしく後見人となったスペンドンが、被後見人テミスの元奴隷だったということを示しています。こうなると、後見人と被後見人の力関係はもはや逆転しているといわざるを得ないのです。

女性と後見人の関係性をさらに変化させたのが、アウグストゥス帝による改革です。帝は結婚と出産を奨励すべく、三人以上の子をもうけた生来自由人身分の女性（被解放自由人身分ならば四人以上、属州民ならば五人以上の子をもうけた女性）を後見人から解放すると定めました。この特典（これを「子の権利」という）を取得することによって、子だくさんの女性は後見人から自由となり、法にかかわる諸々の事柄を自分の意思で処理することができるようになったのです。

そうすると、どのくらいの女性たちがこの恩恵に与《あずか》ることができたのかが問題となるわけですが、すでに第11章でお話ししたように、ローマ女性が生涯にもうける子の数は平均して五人以上と考えられています。したがって、理論上は、ほとんどの女性に資格があったことになります。

もちろん、資格があったからといって、すべての女性がこの特典を申請していたとは限りません。婦女後見は、確かに女性の行動を制限する側面もありましたが、その一方で、厄介な法律問題から女性を保護し、手続きの手間を省くというプラスの側面もあったからです。

また、パピルス史料に残る子の権利の申請書をみると、女性は必ずといっていいほど文字の読み書きができることを文面に書き添えています。つまり、識字率の問題もかかわっていたということです。

確かに読み書き計算くらいはできないと、事実上、女性が後見人の助成を受けずに独立独歩でやっていくことはできなかったでしょう。冒頭で引用したパピルス史料のなかで指定後見人を要請しているマエウィア＝ディオニュサリオンも文字の読み書きができなかったことを思い出してください。

実際にどれくらいの数の女性が子の権利を取得していたかは不明ですが、いずれにせよ、このアウグストゥス帝の改革が女性の地位向上に弾みをつけたことは確かでしょう。そして、それにともなって、男たちの女性を見る目も変わりました。二世紀の法学者ガイウスの言葉を最後に引用しましょう。

女性は知力の薄弱により騙《だま》されることが多いので後見人の助成を受けることが衡平であるという理由は、正当というよりむしろ皮相である……。なぜなら、成熟年齢に達している女性は自分で自分のために事務を処理し、後見人は特定の事柄についてのみ形式上の助言を与え、さらに、後見人はその意に反したとしても、法務官《プラエトル》によって助成人となることをしばしば強制されるからである。

（『法学提要』一・一九〇）

第15章　相続制度

無遺言相続と遺言相続

ローマの相続には、無遺言相続と遺言相続の二つの形式がありましたが、すでに紀元前五世紀半ばの十二表法（ローマ最初の成文法）では、無遺言相続よりも遺言相続のほうが優先されていました。無遺言相続は、法が定めたルールに従ってあらかじめ相続人が決まっていたため、故人の意思がうまく相続に反映されないという欠点があったからです。

十二表法が定める無遺言相続（これを「市民法上の無遺言相続」という）は、男系親族にのみ法定相続権を認めていたので、たとえば娘から生まれた孫には相続権がありませんでした。また、手権婚（第10章を参照）をあげていない妻にも相続権はありませんでした。

こうして、前一世紀前半のキケロの時代になると、時代に対応できなくなった古臭い市民法上の無遺言相続に修正が加えられて、男系親族以外にも一定の法定相続権が認められるようになりましたが（これを「法務官法上の無遺言相続」という）、それにも限界がありました。配偶者にも相続権が認められたのですが、相続順位は六番目にとどまっていたので、無遺言相続で配偶者に遺産を分け与えることは事実上不可能でした。

このため、ローマ市民は、望む者に望む物を残すために専ら遺言相続に頼っていました。ある研究者の算定によれば、キケロがその著作のなかで言及している無遺言相続の事例はわずか七例であるのに対して、遺言相続の事例は六十数例に及び、また、『学説彙纂《いさん》』などの法史料においても無遺言相続の事例はわずか一五例、対する遺言相続の事例は六八七例にも及んでいます。

また、前二世紀前半の大カトーは、自分の生涯で三度だけ後悔したことがある、「一度は妻に秘密を打ち明けたとき、一度は歩いていけるところに（贅沢《ぜいたく》して）船で行ったとき、もう一度は遺言せずに一日を過ごしたとき」だと述べていますが（プルタルコス「カトー伝」九）、「後悔」の二文字とはおよそ無縁な人間の代表格であったあの大カトーに後悔の念を抱かせるほどに、遺言というものは重要なものと観念されていたのです。

では、ローマの遺言はどのようなものだったのでしょうか。具体的に見てみましょう。

トラキア人の第一マウレタニア大隊の騎兵であるアントニウス＝シルウァヌスが自分の遺言を作成した。軍営財産その他を含めた私のすべての財産について、マルクス＝アントニウス＝サトゥリアヌスが私の唯一の相続人たれ。それ以外の者は相続から廃除する。彼は一〇〇日以内に私の遺産を正式に受領すべし。もしも彼が受領しないならば、彼を相続から廃除し、第二位相続人として、私の兄弟であるアントニウス……が私の相続人たれ。彼は六〇日以内に私の遺産を正式に受領すべし。もしも彼が私の相続人とならないならば、私は彼に遺贈分として七五〇デナリウスを与える（一デナリウス＝四セステルティウス）。私の軍営遺言の執行人として、同じ大隊のアエブティウス部隊に所属する伍長《ごちょう》で、ベヘックスの息子であるヒエラックスを指名する。私の財産を送金して、前述の私の相続人の母親であるアントニア＝テルムタに受け取らせること。同女は、私の相続人である息子が後見からはずれて遺産を同女から受け取るまでの間、遺産を保管すべし。ヒエラックスには遺贈分として五〇デナリウスを与える。前述の私の相続人の母親アントニア＝テルムタには遺贈分として五〇〇デナリウスを与える。私の指揮官に遺贈分として五〇デナリウスを与える。私の奴隷であるクロニオについては、私の死後に彼がすべての事務を正しく処理して、前述の私の相続人または遺言執行人にすべての遺産を引き渡したならば、彼を解放し、彼にかかる五パーセントの奴隷解放税を私の財産から支払う。いかなる不正もこの遺言に加えられてはならない。

（『ユスティニアヌス以前のローマ法源』三・四七）

これは、アントニウス＝シルウァヌスというローマ市民身分の兵士が一四二年にエジプトのアレクサンドリアで作成した遺言で、五枚綴りの蠟引き板（板の表面に蠟をひいたもの）に書かれています。

このなかでシルウァヌスは、息子のマルクス＝アントニウス＝サトゥリアヌスを第一位の相続人に、兄弟のアントニウス（文字がかすれて名前は不明）を第二位の相続人に指定しています。ローマの遺言では、このように何人かの補充相続人を指名しておくのが一般的でした。死亡率の高さゆえに相続人が死亡してしまう場合もありましたし、相続人が相続を拒否することもまれにあったからです。

興味深いのは、「私の相続人の母親であるアントニア＝テルムタ」という文言です。「私の相続人」というのは息子のサトゥリアヌスのことで、「私の相続人の母親」とはつまりシルウァヌスの「妻」のことを指しているのです。

なぜ、このような遠回しの表現をしているのかといえば、ローマ兵は兵役中の結婚を認められていなかったからです（これが認められるのは二世紀末のセプティミウス＝セウェルス帝のとき）。つまり、テルムタは内縁妻であり法律上の妻ではなかった、また、息子のサトゥリアヌスは非嫡出子だったのです。

もしもシルウァヌスがこの遺言を残さず、無遺言相続がおこなわれていたならば、彼の遺産はすべて兄弟（すなわち男系親族）のアントニウスが相続し、内縁妻や庶出の息子には一銭も遺《のこ》すことができなかったでしょう。望む者に望む物を遺すためには、やはり遺言が必須《ひっす》だったのです。

遺言は、生前にお世話になった人々に感謝の気持ちを表明する場でもありました。遺言のなかで名前をあげて、下位の補充相続人に指定したり、遺贈したりするのが、社会的礼儀と見なされていました。シルウァヌスは、部隊の仲間と指揮官、それに内縁妻に遺贈しています。

遺言作成者が、最も頭を悩ませながら多くの時間を費やしたのは、誰に何を遺贈するかという問題だったでしょう。ローマ市民が義理堅い人々だったのか、それともローマ社会がこのような礼儀を要求する社会だったのかはわかりませんが、彼らはたいそう心を砕いて、せっせと遺贈をおこなっていました。前四〇年のファルキディウス法が、遺産の四分の三以上を遺贈してはならないと制限しなければならなかったほどでした。

この遺言を書いたシルウァヌスは、自分の奴隷であったクロニオのこともちゃんと覚えていました。自分の死後の後始末をきちんとしてくれたならば、奴隷身分から解放し、五パーセントの奴隷解放税を遺産から支払う旨を遺言で約束しています。これによってクロニオは公式な手続きで解放されたことになり、ユニウス・ラテン人（第2章を参照）ではなくローマ市民となることができたでしょう（ただしクロニオが三〇歳以上だったならば、という条件がつくが）。

奴隷解放税はアウグストゥス帝が創設したもので、そのとき一緒に創設された相続税とともに、ローマの常備軍の維持費にあてられていました。さすがに軍人だけあって、シルウァヌスはこの軍事目的税の支払い義務をきちんと果たすつもりだったようです。

遺産狩り

死亡率の高かったローマ社会では、理想的な相続人たる息子のいる父親は全体の六〇パーセントほどにすぎませんでした。また、残りの四〇パーセントほどの父親のうち、二〇パーセントほどには娘しかおらず、もう二〇パーセントには生きている子が一人もいないというのが現実でした。

こうした全体的情況に加えて、感謝の意をこめて遺言のなかで補充相続人を何人も指定したり遺贈を盛んにおこなう風習があったので、ここにつけこむ不逞《ふてい》の輩《やから》があとを絶ちませんでした。すなわち、遺言で相続人にしてもらうことを目論《もくろ》んで、甘い言葉や親密な態度、気遣いやプレゼントで金持ちを籠絡《ろうらく》する遺産狩り（captatio《カプタティオ》）の横行です。

遺産狩りで非難されている者たちの顔ぶれを見ると、友人や愛人、神官や政務官、解放奴隷や皇帝と実にさまざまで、身分性別には関係ありません。この者たちに共通するのは、狙っている遺産に対して相続権をもたない者という一点に尽きます。

他方、ターゲットとなる人物は、たいていが子のいない金持ちで、老人か病人でした。ネロ帝時代に書かれたペトロニウスの小説『サテュリコン』の一節では、子供がいないというだけで周りの者からちやほやされる悪習に迎合して、子供を育てようともしない南イタリアのクロトンの人々のことが非難されています。

あの町で見る人はみな、二つの群に分けられることを心得ておくがいい。つまり、遺産を狙う奴らと、狙われる人たちさ。あの町では誰も子供を育てない。自分の跡とりを持ってる人はみな、饗宴《きょうえん》にも見世物にも招待されない。……だが、妻を一度も持ったこと

のない人や身寄りのない人は、最高の栄誉を手に入れるのだ。（同一一六）

実在の遺産狩りで最も有名な人物が、マルクス＝アクィリウス＝レグルスです。小プリニウスは友人宛の手紙の中で、まるで自分の目で見てきたかのように、詳細にレグルスの悪行を描いています。

ピソの妻ウェラニアが重病に冒され、床に臥《ふ》していたころの話です。彼女の家にレグルスが見舞いに来ました。これだけでも何と破廉恥な男でしょう。なにしろ彼は、この病人の夫にとっては最大の敵だったし、当の病人からは蛇蝎《だかつ》のごとく嫌われていたのですから。……彼は病床のすぐ傍らの椅子に座り込み、病人に向かって何日の何時に生まれたかと尋ねました。返事を聞くと、深刻な表情を装い、じっと目を凝らし、唇を動かし、指を折って計算し、……こう告げたのです。「あなたは今、危険な時期に入ろうとしていますが、これは避けることができるでしょう。これについてのあなたの疑いを晴らしたいので、私がたびたび試している腸占師に占ってもらいましょう」。レグルスはさっそく生贄《いけにえ》を捧《ささ》げ、腸占いは星占いと一致したと病人に断言しました。彼女は命が危ない身として当然、彼を信じて、附属遺言書を持参させ、レグルスを相続人の一人にしました。（『書簡集』二・二〇）

レグルスはこのように、病人の不安につけこんだ霊感商法まがいの手口でうまうまと遺産を手に入れ、その後もこうした遺産狩りを繰り返して、「一文なしの素寒貧から……あのような大尽にまで成り上がった」そうです。小プリニウスは嘆きます。「都では、性悪と不正直が廉恥と美徳に劣らぬ、いやそれ以上の報酬を手にするに至ってすでに久しい」と。遺産狩りはまさに時代の頽廃《たいはい》を象徴する存在と見なされていたのです。

しかし、小プリニウスの記述をよく読むと、腑《ふ》に落ちないところもあります。小プリニウスは、被害者のウェラニアはレグルスのことを蛇蝎のごとく嫌っていたと書いていますが、そうであればなぜ、ウェラニアはそんな男を病床に招き入れ、のみならず傍らの椅子に座るのを許したのでしょうか。どうもわかりません。

この疑問に関連して興味深いのが、カエサルの政敵であった小カトーのエピソードです。前五〇年代の半ばころ、小カトーは友人のクィントゥス＝ホルテンシウスの願いに応じて、自分の身重の妻マルキアを離縁してホルテンシウスに与えました（第9章を参照）。その後、前五〇年にホルテンシウスが死亡すると、小カトーは未亡人となったマルキアを再び妻に迎え、こうして、マルキアがホルテンシウスから相続した多額の遺産は、小カトーのものとなったのでした。

このエピソードを紹介しているプルタルコスは、小カトーのこの行為は真の友情に発したものと解釈していますが、カエサルはこれを遺産狩りと非難しています。つまり、小カトーのとった行動は、好意的な者の目には善行と映り、敵の目には遺産狩りと映っていたのです。

レグルスという男は、ドミティアヌス帝治下の恐怖時代に小プリニウスの友人たちを告発し破滅させた前歴をもつ人物で、小プリニウスにとってレグルスはいわば生涯の敵でした。事実レグルスが死んだのちも小プリニウスは、あたかも死者に鞭打《むち》つかのように、在りし日のレグルスの愚かさを笑っています。したがって小プリニウスが描くところのレグルス像をそのまま鵜呑《うの》みにすると、事実を見誤ってしまう恐れもあります。カエサルの目には小カトーの行為が遺産狩りと映ったように、小プリニウスの目にはレグルスの行為が遺産狩りと映っていただけかもしれないのです。そう考えるとウェラニアがレグルスを病床に招き入れたのも納得できるような気がします。

残念ながら、レグルスについては小プリニウス以外の史料が現存していないので、真実のほどはわかりませんが、それはどちらでもよいことです。むしろ重要なのは、善意に発する行為であっても、それが遺言や相続とかかわってくると、遺産狩りと誤解されかねない情況がローマ社会にはあったということです。

その要因はさまざまあったと考えられます。まず、遺言による遺産処分は自由が原則であり、富裕者の多くが社会的礼儀として生前親しかった人びとに相続や遺贈の形で報いていたということ、したがって、本来ならば相続権のない者が遺産の一部（または全部）を相続する事態が間々生じていたということ、そして、ローマが正真正銘の遺産狩りに最上の狩り場を提供するような社会だったということ、つまり、しかるべき相続人をもたない金持ちが少なからず存在していたということ、です。

遺産狩りという社会悪の横行（あるいは横行しているという思いこみ）の背景には、上層の人々ほど子供を生み育てたがらなかったという現実があったものと思われます。

第16章　饗　宴

饗　宴

古代ローマの食でまず思い浮かぶのは、饗宴《ケーナ》でしょう。そして、ローマの饗宴でまず思い浮かぶのは、ネロ帝時代のペトロニウスの小説『サテュリコン』で描かれている「トリマルキオの饗宴」でしょう。イタリアの名監督フェリーニの手によって〈サテリコン〉という映画にもなっています。

けれども、「トリマルキオの饗宴」はあまりにも有名で、またあまりにも長文なので、ここでは、詩人のホラティウスが紀元前三〇年ころに書いた短い作品を取り上げてみたいと思います（『諷刺詩《ふうし》』二・八）。「トリマルキオの饗宴」の一〇〇年くらい前のローマの饗宴が舞台となっているので、両方の作品を読み比べてみるのも一興かと思います。

ホラティウスが描く饗宴は、裕福な騎士ナシディエヌス＝ルフスが催したものです。ローマの饗宴は、夕方の三時ころから招待客が三々五々集まってきて、それから始まるのが普通でしたが、このルフスの饗宴は昼間から始まりました。

主賓はオクタウィアヌス（アウグストゥス）の友人マエケナスで、その他に当時の著名な詩人たちも招かれています。それに、場を盛り上げるための道化が加わって、総勢九名からなる饗宴でした。

この当時の饗宴室には、クッションの敷きつめられた三つの大きな臥台がテーブルを囲むように配置され、それぞれの臥台に三人が身体の左側を下にして横になるのが一般的でした。

ローマ人はナイフやスプーンは使用していましたが、まだフォークで食べる習慣はなかったので、たいていは左手に取り皿を持ち、右手でそのまま料理をつまんで食べていました。三つの臥台は、向かって右手から上座、中座、下座と呼ばれ、中座の左端に位置する執政官席と呼ばれるところが主賓の席でした。

帝政期になるとシグマと呼ばれる曲線形の臥台が流行するようになります。シグマはギリシア文字のCのことで、新しく流行した臥台を上から見た形がCに似ていたことに由来します。このシグマという臥台には、六人用、七人用、八人用があり、主賓は、窮屈な思いをしないですむように、寝椅子の一番端に寝そべるのが普通でした。

寛衣にサンダル履きのくつろいだ恰好《かっこう》の招待客たちが、奴隷に足をきれいに洗わせてから臥台に横たわると、いよいよ饗宴が始まります。

まずは前菜と食前酒です。前菜は、イタリア半島のつま先に位置するルカニア地方からわざわざローマまで運ばれてきた猪の料理で、猪肉の周りにレタスやカブ、ラディッシュやセロリ、塩漬けの魚を並べたものです。

ローマ人は牝豚の乳房を好みましたが、肉に関しては豚肉よりも猪肉のほうが好物だったようです。猪肉を食わせるといいながら、豚肉でごまかそうとしたケチな饗宴のホストを詰《なじ》る詩がわざわざ書かれているくらいなのですから。

猪料理がたいらげられると、召使いが紫の布巾《ふきん》で楓《かえで》のテーブルを念入りに拭《ふ》いて片づけます。ホラティウスの描く饗宴では楓の木で作られたテーブルが登場しますが、その他にも、モロッコ産の珍しい糸杉で作られたテーブルや象牙《ぞうげ》製のテーブル、一本足のテーブルや三本足、四本足のテーブルなど、さまざまな形や意匠のテーブルがありました。

当時の女性が宝石や衣服に凝ったように、男たちはテーブルに凝っていたようです。「私には三本足のテーブルがある」というラテン語の表現には、ろくな家具もない貧乏人とか大志のないつまらない人間という意味があります。安定させるための高い技術を必要とする一本足のテーブルに比べて、三本足のテーブルは安価だったことに因《ちな》む表現ですが、このように、ローマ人にとってテーブルは、慣用句になるほど身近な品だったのです。

さて、そうこうしているうちに、インド出身の奴隷がイタリアのカエクバ産の極上ワインを、ギリシア出身の奴隷がギリシアのキオス産のワインを運んできました。それから、鳥、魚、貝などの珍味が供されます。なかでも絶品なのは、カレイとヒラメの胆《きも》料理でした。

やがて、道化たちが掛け合い漫才を始め、乾杯の音頭をとります。ローマでは、饗宴の出席者の健康を祝って乾杯する風習がありましたが、そのとき、健康を祝われる人の名前の文字数だけ杯が乾されていました。一世紀後半のマルティアリスの詩のなかで、その様子が歌われています。「ラエウィアは六杯、ユスティナは七杯、リュカスは五杯、リュデは四杯、イダは三杯で乾杯だ。……ファレルヌス酒のお酌の数で勘定だ」（『エピグランマタ』一・七一）。ここでは女性の健康を祈願して、乾杯がおこなわれています。Laevia《ラエウィア》という名前は六文字なので六杯、Iustina《ユスティナ》ならば七杯を飲み乾すといった具合でした。

さて、ルフスの饗宴では、ここまでが前菜です。ここまででもう十分な気がしますが、メインはこれからです。主菜には、産卵前の大ウナギに凝ったソースをかけた料理、塩とソースで味付けされた鶴の股肉《ももにく》料理、甘いイチジクにのせた鵞鳥《がちょう》の胆の料理、兎の脚、鴫《しぎ》の胸肉、鳩を素材とした料理などが出てきました。

料理がふるまわれるたびに、ホストは料理の方法や効能などの説明を忘れません。宴客たちは、次から次に給仕される食べきれないほどの美味珍味と、ホストのくどい能書きで満腹となったことでしょう。

ホラティウスがこのルフスの饗宴場面を描いたとき、彼の関心は、大金持ちの贅沢《ぜいたく》趣味の可笑《おか》しさを諷刺することに向けられていたので、残念なことに、料理そのものについての記述はごくわずかです。しかし、ホラティウスは、別の詩で饗宴料理のことを詳しく書いているので、そこから私たちは、前一世紀末ころの饗宴料理のことを知ることができるのです。私がホラティウスに注目した理由の一つもここにあります。

ホラティウスの「饗宴料理入門」(『諷刺詩』二・四)が書かれた正確な年代はわかりませんが、ルフスの饗宴とほぼ同じころの作品と考えてよいでしょう。キケロの友人だったエピクロス派の哲学者ティトゥス＝カティウスがホラティウスに、饗宴の料理や酒、給仕の仕方などをやさしく語って聞かせるという形で話が進みます。

エピクロス派は魂の快楽を説く哲学ですが、これが誤解されて、ときに快楽主義的と見なされることがあります。英語の epicurean が「快楽主義の」とか「食道楽の」と訳されるのも、その延長線上にあるといえるでしょう。ティベリウス帝時代の食通として知られ、のちの料理書のタイトルにもなったマルクス＝ガウィウス＝アピキウスが、実はエピクロス派にも通じていたという伝えが残っていますが、これも同じ文脈で説明できるのかもしれません。

カティウス先生は、まずは順番通りに、前菜の話から始めます。最初は卵です。カティウス曰《いわ》く、卵は丸いものより長めのものがよい、なぜなら、白身に富み、雄鶏《おんどり》の黄身を宿し、味もよいからだそうです。

ローマ人は、前菜、主菜、デザートから成るコース料理のことを「卵からリンゴまで」と表現していました。卵を使った前菜料理に始まり、リンゴのデザートで終わるというのが、最もシンプルかつ一般的なコースだったからです。だから、カティウス先生も卵の話から始めているのです。

ちなみに、カティウス先生は、デザートにはイタリア東部のピケヌム産のリンゴと、アルバ山のブドウを乾《ほ》したものを薦めています。

前菜の素材としてはこの他に、キャベツ、鶏、茸《きのこ》、貝、黒イチゴ、ワインがあがっています。どこの産地のものがよいか、どのような下ごしらえをすればよいか、食べ合わせにはどう注意すればよいか、などが事細かに指南されています。

たとえば、キャベツならば乾いた土地で採れたもの、烏貝《からすがい》ならばカンパニアのルクリヌス湖で採れたもの、牡蠣《かき》ならばラティウムのキルケイで採れたものがよい、とか、鶏肉は薄めたファレルヌス産のワインに浸して柔らかくしておくこと、胸がもたれてきたら、紫貝にカタバミの芽、それにコス産の白ワインを一緒に飲むのがよい、といった具合です。

そして、いよいよ主菜です。主菜の一の膳《ぜん》の話です。ここではまず調味料の話がきます。食通を気取るなら、調味料の正確な分量を自ら知っておくべきだ、とカティウス先生は釘《くぎ》をさしています。

それから、魚と肉の話が続きます。魚を仕入れるときには、金に物をいわせるだけではだめ、煮魚にはどれがよいか、焼魚にはどれがよいかを吟味しなければならない。肉料理は、ドングリの実で太っているウンブリア産の猪がよいが、本格的な美食家は、子を孕《はら》んだ雌兎の脇腹の肉を好む。魚であれ肉であれ、種類と年齢をよくよく考慮しなければならない云々といった具合に、実に微に入り細を穿《うが》った説明が続いています。

それから、主菜の二の膳の話です。このときに供されるワインは、カンパニアのマッシカ産のように強いワインならば、しばらく戸外に放置して、夜の大気がゆっくりと苦みと臭みを消してくれるのを待つこと、せっかくの香りがみんな消えてしまうので布で漉《こ》すのはやめること。スッレントゥム（現ソレント）産の弱いワインならば、強いワインの澱《おり》と混ぜたのちに、鳩の卵を入れて、その黄身が濁りを吸収してくれるのを待つのがよいそうです。ローマ時代のワイン製造技術では、澱を完全に取り除くことができなかったので、ローマ人はこのようにさまざまな方法で澱を除いていました。雪で漉す方法も知られていました。

ちなみに、ローマ人は、ワインを飲むときには水で割るのが普通でした。ワインを割るための混酒器、ワインを混酒器からコップに注ぐための柄杓《ひしゃく》などが見つかっています。また、饗宴の酒盛りのときには、宴客のなかから「酒宴王」が選ばれることがありましたが、この酒宴王がワインと水の割合を決める役を果たしていました。

二の膳のころになると、宴客のなかには酔っぱらってしまう者もいたでしょう。だから、カティウス先生は、次に酔っぱらい対策を指南しています。

ほんとうかな？　と思うのですが、カティウス先生によれば、海老《えび》フライかエスカルゴの料理が酔人の胃袋をまた元気づけ、熱くしたソーセージやハムなどのつまみが、酔いを覚まさせるそうです。金と時間をかけてせっかく準備した饗宴料理ですから、ここで宴客たちをギブアップさせてはなるものか、というホスト側の熱意が伝わってくるようです。

このあと、カティウス先生の話はソース論に及びます。つまり、まだまだ料理は続くわけです。いっそこのあたりで、酔いにまかせて食べたものをもどしてしまったほうが賢明かもしれません。そして、実際に、このあたりで吐きもどす宴客もいたのでしょう。カティウス先生はここで、給仕のマナーを論じていますが、箒《ほうき》や布巾やおが屑《くず》は安いものだから、手抜きしてはならないと戒めています。

このおが屑は、宴客たちが床に放り捨てた魚や肉の骨を片づけるだけでなく、嘔吐《おうと》物をきれいにするのにも役だったことでしょう。「食うために吐く」という言葉が生々しく思い出されます。

「豚の子宮から魚をつくるだろうし、豚の脂から山鳩を、股肉から雉《きじ》を、膝《ひざ》肉から鶏をつくってみせる」と、『サテュリコン』の登場人物トリマルキオが自慢しているように、饗宴のホストは宴客を驚かす新奇な料理を供することに大きな情熱を注いでいました。だから、そのためにはかなりの時間と金を必要としたことでしょう。

饗宴の規模によってかかる金額もちがっていたので、饗宴費用を正確に見積もることはできませんが、カティウス先生の話のなかに、三〇〇〇セステルティウスを支払って市場から魚を仕入れる、という一節が出てきます。四〇〇〇セステルティウスあれば、四人家族が一年間なんとか食いつなぐことができたといいますから、庶民からすれば、三〇〇〇セステルティウスの魚など、現実感のない話です。

しかし上層の人々にとって饗宴は、身分ある人々を招いたり、あるいは身分ある人々に招かれたりすることによって、自分の社会的権威や地位というものを再確認する場だったので、こうした多大な出費も決して無駄遣いではなかったのです。それに、食材や料理法についての蘊蓄《うんちく》を説明してみせることによって、そして、宴客たちの賛嘆の声を浴びることによって、そうした出費を自己満足で埋め合わすこともできたことでしょう。

第17章　庶民の食卓

庶民の食

饗宴《きょうえん》の席に横たわって食べきれないほどの美味珍味に舌鼓を打つローマ人というイメージは、ごく一握りの裕福な人々にのみあてはまるものであり、庶民の食卓はずっとつましいものだったということを忘れてはいけません。そもそも、ローマの庶民が一日に三度ちゃんと食事をとっていたかどうかも怪しいものです。というのも、紀元六九年の混乱期につかのま皇帝となったウィテッリウスは大食漢で有名でしたが、彼は「食事は常に三回、ときには四回」とっていたと同時代人に驚かれているからです。

確かにラテン語には、朝食（ientaculum《イエンタクルム》）、昼食（prandium《プランディウム》）、夕食（cena《ケーナ》）にあたる単語が存在していましたが、二世紀後半の医師ガレノスが、病人、老人、子供は三度食事をするようにとわざわざ忠告していることからもわかるように、やはりローマでは二度の食事が一般的だったようです。

住んでいる地方によって、あるいは懐具合によって、食事内容はさまざまに異なっていたでしょうが、古い時代の主食は、殻つき麦の粥《かゆ》(puls《プルス》)が一般的でした。パンが食されるようになったのは、前二世紀のはじめころに回転式の挽《ひ》き臼《うす》がローマにも導入され、殻なし麦が普及するようになってからのことです。

豆アレルギーのことがすでにローマ人にも知られていたので、ヒヨコ豆やレンズ豆などの豆類が主食を補う形でよく食べられていたのは確かです。それに、キャベツ、レタス、タマネギ、ニンニク、オリーブ、根菜類などの野菜が食されていました。

農村では食用として豚がよく飼われていましたが、都市部の庶民にとって肉は贅沢《ぜいたく》品だったので、動物性タンパクは主として魚介類(地方によってはチーズなど)から摂取していたものと思われます。

ポンペイなどに残る一戸建て住宅の遺構では、腰の高さくらいの調理台が設《しつら》えられた台所を見ることができます。そこに火鉢をおいて、その上に三脚台や金網をかぶせて、調理をおこなっていました。煙突はほとんど知られておらず、煙は壁穴から外へ逃がすだけだったので、焼くよりは煮る調理のほうが一般的だったと考えられます。他方、多くの庶民が住み暮らしていた貸間には台所の設備が整っていなかったので、居室内で、あるいは戸外で調理していたようです。

一世紀後半の詩人マルティアリスの一節に「四杯分のセティア酒を私の持っている雪で漉《こ》したまえ」(『エピグランマタ』一四・一〇三)とあるように、ローマ人は、冬に降った雪を氷室で保管し、酒や食材を冷やす知恵をもっていましたが、当然のことながら、そう

ポンペイの居酒屋（thermopolium《テルモポリウム》）。ポンペイには120軒ほどの居酒屋があり、庶民はここで軽食や飲み物をとっていた。

いったことができたのは金持ちだけでした。

　また、魚や肉を干物にしたりスモークしたり、あるいは塩漬けにすることは広く知られていましたが、それでもやはり、冷蔵庫のない時代ですから、食材が傷むのは避けられなかったはずです。すでにローマ人は、腹痛には石膏《せっこう》成分が効くことを知っていましたが、これは当時、食中毒が多かったからと考えられるでしょう。

　料理の味付けには、塩や酢、蜂蜜《はちみつ》や果物などが使用されていましたが、それらと並んでよく用いられていたのがガルムです。ガルムとは、サバやイワシ、ニシンやマグロなどの魚、あるいは貝や海老《えび》などの、食べない身の部分や内臓を壺《つぼ》に入れて、数ヶ月のあいだ発酵させた魚醤《ぎょしょう》の一種でした。

　イタリアをはじめとする帝国各地で製造され、ガルム、ハッレク、リクアメン、ムリアといったようなさまざまな商品名で売られていました。料理のソースには欠かせない隠し味で、前章で取り上げたホラティウスの「饗宴料理入門」も、「ビザンティオンの壺に臭っている魚のムリア」、甘みの強いオリーブ、ワインを混ぜれば、簡単で美味なソースができると紹介しています。

ローマが東方世界と接触する機会が増えるにつれて、いろいろな種類のスパイスがローマ世界にも輸入され、料理やワインの風味付け、医療や美容など、さまざまな用途で用いられるようになりました。

中国や東南アジアの国々からは、桂皮《けいひ》、チョウジ、ジンジャー、ナツメグ、ターメリック、白檀《びゃくだん》、樟脳《しょうのう》などが、インドからは、カルダモン、シナモン、白檀、ゴマ、ターメリック、コショウなど、中東や東アフリカからは、バルサム、乳香、ミルラ、ジンジャーなどがもたらされていました。ただし、長距離を運ばれてきたスパイスの多くはかなり高価だったので、ほとんどは庶民の食卓とは縁遠いものでした。英語の spice の語源が、ラテン語で「特別のもの」を意味する species《スペキエス》 に由来するのも肯《うなず》けます。

飲み物はワインが最もポピュラーでした。生《き》のままで飲む習慣はほとんどなく、たいていは、水で割ったり、スパイスを足したりして飲んでいました。ワインの他には、ブドウ汁を煮詰めて甘くしたデフルトゥムというジュースを水で割ったものや、質の悪い酸っぱいワインを水で割ったポスカという飲み物が、庶民の間ではよく飲まれていました。ちなみに、ミルク（牛ではなく、山羊《やぎ》、羊、馬のミルク）を飲むのは野蛮人という固定観念があったので、ミルクはもっぱらチーズの原料か薬として使用されていました。

食糧供給

物を売りはするが、買いはしない。これが、ローマの善き家父長に求められる資質でした。このため、食糧にせよ何にせよ自給自足が原則で、余剰物が発生すれば、定期市で売る、という生活が長らく一般的だったようです。農村でのそうした自給自足的生活については、たとえば、共和政末期の詩人ホラティウスの「農村讃歌」（『エポドン』二）でその一端を知ることができます。

しかし、大きな人口を抱える大都市圏では、食糧の自給自足は困難でした。とりわけ首都ローマは、アウグストゥス帝の時代にはおよそ八〇万もの人口を抱えていたので、それだけの人口を都市近郊の農村部で支えることは不可能でした。そこで、前一二三年に護民官《トリブヌス・プレビス》に就任したガイウス＝グラックス（グラックス兄弟の弟のほう）は穀物法を制定して、国家が穀物を低価格で安定的に供給する制度をローマに導入しました。

それまでは、飢饉《ききん》が生じるたびに政務官が各地から食糧を緊急輸入するという場当たり的な対処でしのいできましたが、ガイウス＝グラックスの穀物法以降は恒常的に穀物がローマへ供給されるようになり、前五八年には護民官のプブリウス＝クロディウス＝プルケルが、穀物を無料で首都住民に配給する制度を実現させました。

前二年にアウグストゥス帝は、増大するばかりの配給量の抑制を試みて、穀物配給に与ることができる成人市民男性の数を二〇万人に制限する一方で、食糧供給長官《プラエフェクトゥス・アンノナエ》の職を設けて、今後も国家による穀物供給を継続する姿勢を明確に打ち出しました。のちの皇帝たちにもその政策は引き継がれ、ネロ帝の時代には毎年エジプトから約一三万五〇〇〇トンの穀物が、さらに北アフリカをはじめとするその他の属州から約三〇万トンもの穀物が首都に輸入されていたといいます。

二世紀のギリシア人著作家ルキアノスが伝えるところによれば、穀物を積載してアレクサンドリアと首都ローマの外港であるオスティアの間を往来していた穀物輸送船イシス号は、全長五五メートル、幅一四メートル、最大積載量一三〇〇トンほどもあり、これほどの規模の大型船舶は東インド会社の船団が建造されるまで見られないものだったそうです。

現在のローマの街の南、かつてティベリス河の埠頭《ふとう》があった場所ちかくに、現在Monte《モンテ》 Testaccio《テスタッチョ》と呼ばれている遺構が残っています。テスタッチョとは「陶器の破片」を意味するイタリア語で、農産物の輸送に用いられていたアンフォラという巨大な壺（容量二四～三〇リットルほど）の破片のことです。

海外から運ばれてきたアンフォラはオスティアの港で川船に積みかえられ、ティベリス河を伝ってローマまで運ばれて、このモンテ・テスタッチョ近くで、アンフォラの中身は、市内で売買されるもっと小さい容器に移しかえられていました。輸送の途中や小容器への移しかえのときに割れてしまって使えなくなったアンフォラが投棄された結果、高さ三五メートルほどの山（モンテ）になったのでした。

ルキアノスが伝えるイシス号の話やモンテ・テスタッチョの遺構は、穀物供給を含む農産物の輸送がローマ時代にいかに活発におこなわれていたのかを、よく物語っているといえるでしょう。

国家による穀物の無料配給を認められていた市民は、配給証明書《テッセラ・フルメンタリア》を提示して、決められた配給分を受け取るという仕組みになっており、この配給証明書は、転売や相続の対象とすることが許されていました。ただし、配給の対象となったのは首都住民の三分の一ほどで、しかも、必ずしも貧しい人ばかりではありませんでした。また、配給だけでは足りなかったので、当然のことながら不足分は各自で購入しなければなりませんでした。

小麦一モディウス（六・五五キログラム）の価格は季節や作況によって変動していましたが、平均すると元首政期のエジプトで二セステルティウス、小アジアで二・二五セステルティウス、イタリア半島全体で四セステルティウスくらいでしたが、首都ローマでは八セステルティウスと割高でした。首都住民は、食糧の無料配給制度が整っていたという点では他の都市住民よりも恵まれていたといえますが、その反面、食費にせよ家賃にせよ、物価高のなかで生きていかなければならなかったわけです。

したがって、飽食のローマというイメージは、やはりごく一握りの金持ちにのみあてはまるものだったということをここでも想起するべきでしょう。昨夜の饗宴の残り物を施してもらうべく、挨拶《あいさつ》がてら朝早くからパトロンの門前に列をなす庶民たちの姿こそが、市井の現実だったのです。

とはいえ、国家による食糧の無料配給制度は四世紀ころまで維持され続けます。二世紀末にはセプティミウス＝セウェルス帝が穀物に加えてオリーブ油の無料配給を開始し、二七〇年代にはアウレリアヌス帝が豚肉の無料配給と、ワインを低価格で配給する制度を開始しました。また、三世紀半ばころまでには、パンの配給が穀物配給にとってかわったようですが、その背景には、水車を大規模に利用した製粉効率の向上があったと考えられています。

南仏のアレラテ（現アルル）近郊のバルブガルに、二世紀ころのものと思われる水車施設址《あと》が残っています。一六基の水車と挽き臼が稼働していた巨大な複合施設でした。専門家の算定によれば、このバルブガルの水車に連結されていた挽き臼は一分間に約三〇回転していたそうです。ロバなどの役畜によって回される挽き臼は、ふつう一分間に六回転だったので、バルブガルの水力挽き臼は五倍以上の生産効率を誇っていた計算になります。

ちなみに、バルブガルの水車施設では、水車一基で一時間あたり二四キログラムの小麦粉を製粉できたそうです。成人が一日にだいたい三五〇グラムのパンを消費していたと考えると、バルブガルの水車施設を半日稼働させれば、一万三〇〇〇人が一日に必要とする小麦粉を製粉できたわけで、これは当時のアレラテの人口に相当します。

首都ローマのヤニクルム丘陵にも大規模な水車施設が存在していたことが知られていますが、こうした技術の向上が人々の食生活に大きな影響を与えていたことは間違いないでしょう。

第18章　衣　服

衣　服

私たちの衣服がそうであるように、ローマ人の衣服も、肌に直《じか》に着る下着と、その上に羽織る上着とで構成されていました。下着としては、subligaculum《スブリガクルム》（下のほうで縛るという意味）と呼ばれるリネン製の腰巻が一般的で、肉体労働者はこの腰巻だけを身につけて仕事をしていたようです。日本風にいえば、パンツ一丁というわけです。

衣服とはちょっと違いますが、パンツの下に身につけるものとして、いわゆる貞操帯もローマ時代には知られていました。貞操帯といえば一般に女性に身につけさせるものを連想しがちですが、ローマでは専ら男性が着用していました（マルティアリス『エピグランマタ』七・三五、八二）。

fibula《フィブラ》と呼ばれるピンでペニスの包皮を留めて、革製の封入袋（aluta《アルタ》）または金属製の鞘《さや》（theca《テカ》）をコンドームのようにかぶせる形式で、貞操帯というよりは貞操器具といったほうが正しいでしょう。もちろんこれは一般に使用されていたわけではなく、女主人の身の回りの世話をする男奴隷が装着させられることが多かったようです。また、第8章でお話ししたように、ローマでは男根が神聖視され、精子は力の源と信じられていたので、役者が声量を保つために、あるいは運動選手が活力を保つために、精子の流出を防ぐ器具として使用していました。

紀元前二世紀ころになると、腰巻にtunica《トゥニカ》（現代女性が着るチュニックの原型）をあわせて着るのが一般的となっていました。トゥニカを着た姿は、膝《ひざ》のあたりまであるだぶだぶの半袖《はんそで》Tシャツを着て、腰のあたりでベルトを締めた姿をイメージしていただければよいでしょう。

袖と丈の長いトゥニカもありましたが、これは主として女性が身につけ、子供や兵士、奴隷などは逆に、丈の短いトゥニカを身につけていました。元老院議員は幅広の赤紫色の縞《しま》模様がついたトゥニカを、騎士身分の者は幅の狭い赤紫色の縞模様つきのトゥニカを着用していました。また、戦車競走の御者は、各自が属する組（青組、緑組、白組、赤組）のチームカラーのトゥニカを着用していたそうです。

なお、スエトニウスが伝えるところによれば（『アウグストゥス伝』八二）、身体の弱かったアウグストゥス帝は、寒さ防止のために、上着の下にトゥニカを四枚も重ね着していたといいます。

ローマ人が着用していた上着といえば、toga《トガ》でしょう。トガはローマ市民男性の正装でした。のみならず、ウェルギリウスが「ローマ人は世界の主にして、トガをまとえる人種なり」と高らかに歌っているように（『アエネイス』一・二八二）、ローマの象徴でもありました。古い時代のトガは、丈の短いシンプルなタイプのものでしたが、共和政末期ころまでには、丈が長く複雑なドレープをもったタイプが主流となりました。

トガは半円形をした大きな羊毛布で、幅が五・五メートル、丈が二メートルほどもありました。トゥニカと同じように、元老院議員は幅広の赤紫色の縞がついたトガを、騎士身分の者は幅の狭い赤紫色の縞のトガを着用していました。これをtoga praetexta《トガ プラエテクスタ》（縁飾りの付いたトガという意味）といい、成人前の少年も着用していました。

戦争で大勝利をおさめた将軍は凱旋《がいせん》式のとき、金糸で刺繡《ししゅう》した全体が赤紫色のtoga《トガ》 picta《ピクタ》（装飾されたトガという意味）の着用が特別に許されていました。また、政務官選挙の候補者たちは、toga candida《トガ カンディダ》（白いトガという意味）を着用しました。これは、チョークで白く晒《さら》したトガで、候補者が清廉潔白であることを象徴するものでした。「候補者」を意味する英語のcandidateは、このトガ・カンディダに由来します。

toga pulla《トガ プッラ》（黒いトガという意味）という黒い羊毛で織られたトガもありました。これは、葬儀で遺族の男性が身につけていたものです。

このように、トガにはさまざまな種類があり、身につけているトガの種類によって人の社会的地位や年齢などを視覚化していたのです。

トガを身につけたときには、身体の周りできれいにドレープができるようにしなければならなかったので、一人ではなかなか着こなせなかったようです。また、重たくて動きにくかっただけでなく、白色を基調としていたので、しばしば洗濯する必要があり、手入れも大変でした。

このため、トガの着用は敬遠されるようになり、もっとシンプルな上着が流行するようになりました。二世紀はじめの諷刺《ふうし》詩人ユウェナリスが、「死んだ場合でなければだれもトガを身につけないのが、イタリアの大部分の習慣なのだ。……地方都市の最高職たる造営官《アエディリス》たちにも、顕職の名誉の衣装として、白いトゥニカでこと足りるのだ」(『サトゥラエ』三・一七一〜一七九)と、服装の乱れを嘆いているように、帝政期になるとトガはあまり着用されなくなりました。かくしてクラウディウス帝以降の皇帝たちは、公の場ではトガを着用するよう、わざわざ法で命じなければなりませんでした。

ローマ女性も男性と同じように腰巻を身につけていました。ブラジャー(mamillare《マミッラレ》)も知られていたようです。一世紀後半のマルティアリスの寸鉄詩集『エピグランマタ』の第一三巻と第一四巻は、ローマ人の身の回り品をいろいろと取り上げて、それをお題にして作詩するという遊びをやっていますが、そのなかにブラジャーの詩が二つあります(『エピグランマタ』一四・六六、一三四)。

牡牛の革で貴女は胸をしめつけることができよう。
ブラジャーよ、奥さまの張った乳房をうんとしめつけておくれ。

ブラジャーに捧《ささ》げる詩をマルティアリスがわざわざ二つも書いたのは、彼がとくにブラジャーに関心があったからかもしれません。あるいは、当時すでにブラジャーの着用が定着し、ローマ女性にとって身近な日用品となっていたからかもしれません。もしかすると、その両方だったかもしれません。

古い時代には女性もトガを着用していましたが、のちの時代には売春婦だけが身につけるようになり（トガは公の場で着る服で、売春婦の身体も公のものという類比があったのだろう）、女性のトガ着用は好ましくないと観念されるようになりました。こうして、女性は下着の上に丈の長いトゥニカを羽織るようになりました。

既婚婦人は、stola《ストラ》という丈の長いドレスを身にまとっていました。腰のあたりを二本の帯でしめる恰好《かっこう》で、襟ぐりには既婚者であることを示す縁飾りがついていました。また、ストラの上にpalla《パッラ》というショールのようなものを羽織ることもありました。

ズボンは、ローマ人のあいだではあまり着用されていなかったようですが、軍隊内とくに騎兵のあいだで丈の短い革製のズボンが着用されていたようです。

苛酷《かこく》な環境で過ごすことの多かった兵士たちは、トレンチコートのような頑丈な外套《がいとう》を着用することがありました。フード付きのcaracallus《カラカッルス》という外套が有名ですが、三世紀はじめの皇帝マルクス＝アウレリウス＝アントニヌス帝（同名の五賢帝とは別人）は、これを愛用したところからCaracalla《カラカッラ》という渾名《あだな》がつけられたといいます。

頑丈なブーツのようなものから軽いサンダルやスリッパのようなものまで、さまざまな種類の靴が使用されていました。ほとんどが革製でしたが、木靴もまれに使用されていたようです。靴底に鋲《びょう》が打たれた重たい軍用靴で、足の甲を保護するために革で覆い、紐《ひも》で縛るタイプの靴をcaliga《カリガ》といいますが、ガイウス帝は幼いころにこのカリガをよく履いていたそうで、またその姿がとても愛らしかったので、「小さいカリガ」つまりCaligula《カリグラ》という渾名がつきました。長じて皇帝となった彼は、とうてい愛らしいとはいえない存在となってしまいましたが。

衣料産業

ローマでは、日常の衣服は家の女たちが作るというのが一般的でした。機織りの腕前がローマ女性の美徳の一つとされていたのもそのためでしょう。

上層の貴婦人たちが自ら機織りをすることは稀《まれ》だったでしょうが（アウグストゥス帝は妻や娘たちの手作りの部屋着を愛用していたという）、属州各地で縦置き型の機織り機や糸巻き竿《ざお》、木製や骨製の錘が発見されていることからもわかるように、農村部や都市の庶民層では簡単な衣服は自給自足するのが基本だったと思われます。しかし、絹を用いた高級な衣服や、加工の際に高い技術を要するような衣服は、専門の工房で作られて販売されていました。

衣料産業の実態について詳細な知見を与えてくれるのが、古代都市ポンペイです。ナポリ湾に面したポンペイでは、その地の利を活かして、ワインやオリーブ油、ガルムの取引が盛んで、また、火山岩を利用した石臼《いしうす》が特産品でしたが、これらと並んで盛んだったのが衣料産業でした。

現在、ポンペイからは、織物工房や縮絨《しゅくじゅう》工房などの衣料関連の施設が三十軒ちかくも発見されています。おそらくは、衣料産業関係の同業者組合がポンペイでは最大規模を誇っていたことでしょう。東京ディズニーランドほどの広さで、人口一万人前後の都市にこれだけの数の衣料関連施設があったということは、ここで生産された衣服がポンペイ市内だけでなく、もっと広い範囲で取引されていたことを示唆しています。

ポンペイ市街の後背地はウェスウィウス山へと至るなだらかな丘陵地帯で、羊の飼育に適していました。初夏に鉄のハサミで刈り取られた羊毛は、その周辺で布地に織られ、サルノ河を介してポンペイまで運ばれていました。ポンペイ市内でも糸紡ぎや機織りはおこなわれていましたが、すでに織り上げられた形で運ばれてきた布地を加工仕上げする作業（縮絨）のほうがよくおこなわれていたようです。

ポンペイやオスティアに残る縮絨工房《フッロニカ》は、帝政期における毛織物加工の工程をよく伝えてくれます。まず、布地は、木製または素焼き陶器製の桶《おけ》のなかで踏み洗いされます。この桶のなかには、公衆便所などから集められた尿（ウェスパシアヌス帝はこれに税金をかけた）と火山岩などから得られるフラー土（ラテン語で縮絨業者のことをfullo《フッロ》と言い、英語のfullerもこれに由来する）が溶かされており、この溶液のなかで踏み洗いされることで布地から汚れや脂分が取り除かれました。そのあと、工房に備え付けられていた水槽（一見すると、日本の銭湯の湯船のように見える）のなかで、よく濯《すす》ぎ洗いされます。

それから、布地の毳《けば》をほおけだたせて切りそろえる作業がおこなわれます。白い毛織物の場合には、より白さを際だたせるために、お寺の鐘のような形をした柳編みの籠《かご》の上に布地をかぶせ、籠のなかで硫黄《いおう》を燻蒸《くんじょう》して、漂白する作業がおこなわれます。そして最後に、折り目やドレープをつけるためのプレス作業がおこなわれていました。

布地の染色もさかんにおこなわれていました。染め物だけをおこなう業者もいれば、染色と縮絨の両方をおこなう業者もいました。

一世紀半ばの大プリニウスによれば、地中海に棲息《せいそく》するpurpura《プルプラ》（英語のpurpleの語源）とpelagia《ペラギア》という貝類から得られる分泌液で紫色に染められた布地は、とりわけ珍重されていて高価だったといいます。ちなみに、紫色といっても、自然染めなので、必ずしも紫色であったわけではなく、その色合いも、いわゆる紫色から、赤色、茶色などさまざまだったようです。

もともとは、フェニキア人の都市テュロスの紫染めが有名でしたが、その後、フェニキア地方からギリシアへ、それから南イタリアや北アフリカへと伝播《でんぱ》し、やがて、ガリアやヒスパニアでも紫染めがおこなわれるようになりました。前述したように、ローマ社会ではトガの一部を赤紫で染める習慣があり、赤紫色で染められた部分の面積によって身分が表されていたので、紫染めは重要なものと考えられていました。このため、三世紀前半のアレクサンデル＝セウェルス帝の時代には、紫染めは国家の独占下におかれることになりました。

ポンペイでは、かつては個人の邸宅だった建物が縮絨などの衣料産業向けの工房に転用されている事例が見られます。また、四世紀はじめのディオクレティアヌス帝の最高価格令で衣料取引は食糧取引に次ぐ規模であったことからもわかるように、二世紀以降も引き続きポンペイのように衣料産業で栄えた都市が帝国各地に少なからず存在していたと考えてよさそうです。

第19章　おしゃれ

床屋

紀元前一世紀の博識家ヴァッロが伝えるところによれば、前三〇〇年にはじめて、散髪や髭剃《ひげそ》りを生業《なりわい》とするいわゆる床屋が、シチリアからローマ近郊のアルデアの町にやってきたそうです。

この話が本当かどうかは定かではありませんが、このころにローマ男性の理容をめぐって変化が生じたのは確かです。というのも、それまでは、とりたてて手入れをすることなく髪や髭を伸ばすというのが普通でしたが、ローマが地中海征服に乗り出すころになると（おそらくはヘレニズム世界の影響をうけて）、とりわけ髭を念入りに手入れするローマ男性の姿が、資料のなかに見られるようになるからです。

たとえば、前二〇二年のザマの戦いでハンニバルを打ち破ったあのスキピオ＝アフリカヌスは、毎日髭を剃っていたといわれています。また、同時期にシラクサを征服したクラウディウス＝マルケッルスは、ローマの貨幣に髭なしの姿で登場した最初の人だそうです。

こうして、前三世紀以降になるとローマでも、床屋（tonsores《トンソレス》）への需要が高まったものと思われます。ローマの街の中心部、カピトリヌス丘の近くにあったフロラ神殿のあたりに、床屋通りと呼ばれる一帯があったことがわかっています。また、ローマの下町アルギレトゥムには床屋がたくさんあって、女の床屋もいたそうです（マルティアリス『エピグランマタ』二・一七）。正確な数はわかりませんが、共和政末期ころまでにはローマの街でもけっこうな数の床屋が、おしゃれな男たちの髪と髭にあたっていたことでしょう。

ただし、成人前の若者は髭を剃らないという習慣があったようです。産毛が完全に髭となるまでは、つまり完全な男となるまでは髭を剃らず、ようやくちゃんとした硬い髭が生えてきたならば、それを初めてカミソリで剃って、神に捧《ささ》げる風習がありました。

若者が髭を神様に捧げたあとに、最初に生えてきた髭のことをbarbula《バルブラ》といい、大事に手入れされていました。やがて四〇歳くらいになって髭に白いものが混じってくると、今度はそれを剃り落とすか、もしくは毛抜きで引き抜く習慣もあったようです。バルブラという言葉が「若さ」の比喩《ひゆ》として用いられるのは、このためです。

ちなみに、大プリニウスが「医師たちの樹脂によって女々しい脱毛をする」（『博物誌』二九・八・二六）と苦言を呈しているように、医師が処方した粘着性の強い樹脂《レシナ》によって全身脱毛する洒落《しゃれ》男もいたようですが（あのカエサルがそうでした）、これは男にふさわしくない行為と見なされていました。また、alipilarii《アリピラリイ》という職名も知られており、直訳すると「腋毛《わきげ》抜き」ですが、おそらくは身体のさまざまな部位の脱毛を生業とする人だったと思われます。

二世紀前半の皇帝ハドリアヌスは顔に傷があったので、それを隠すために髭を伸ばすようになったと伝えられています。それをまねて、再び髭をたくわえるのが流行したようですが、四世紀前半のコンスタンティヌス帝からのちの時代は、異教の皇帝ユリアヌスを除いて、ほとんどの皇帝の彫像は髭を剃っています。

しかし、その一方で、三世紀の軍人皇帝時代以来、無精髭をしょぼしょぼ生やしている皇帝像も一時期見られるようになります。これは、外敵から帝国を防衛するために、寝る間も身だしなみの時間も惜しんで、軍隊とともに獅子《し》奮迅《し》する理想の皇帝像を表現したものだと解釈されています。軍人皇帝時代以降の皇帝の無精髭は、演出としての髭面なので、その背景にはやはり、髭は本来ならばきれいに手入れするものだという考え方があったといえるでしょう。

喪に服している男、刑事裁判の被告となっている男は、髭も剃らず髪の毛も伸ばし放題、襤褸《ぼろ》を身にまとうというのが習慣でした。こうすることで男たちは、不幸な境遇をよく目に見える形で表現し、周りの同情を買おうとしていたのでしょう。また、哲学者、とりわけキュニコス派とストア派の哲学者は髭面が普通で、ヘレニズム時代からそうでした。

このように、ローマのおしゃれな男たちは床屋で髪や髭の手入れをおこない、四方山《よもやま》話に花を咲かせていました。一方、女たちが床屋を利用することはまずありませんでした。働かなくては食べていけない庶民層の女性は、朝起きるやいなや自分で手際よく簡単に髪をセットしていたでしょう。しかし、朝の慌ただしさとは無縁の上層女性は、身支度を専門とするお抱えの女奴隷（ornatrix《オルナトリクス》）の手をかりて、念入りに髪の手入れをしていたようです。その様子を、二世紀はじめの諷刺《ふうし》詩人ユウェナリスが面白おかしく描いています。

あわれな髪結いのプセカスは……髪の毛を振り乱しながら、奥様の髪を整えることになる。「なんだってこの捲《ま》き毛だけ上に飛び出してるの？」。すると、すぐさま牛革の鞭《むち》が、逸《そ》れた髪の毛の大罪・非道を罰するのだ。（『サトゥラエ』六・四九〇〜四九三）

アウグストゥス帝の時代ころまでは、女性の髪型はいたってシンプルでした。真ん中から分けた髪をそのまま、あるいは細紐《ひも》で編んで、後頭部へとひっつめて丸髷《まげ》にまとめるというのが一般的でした。ところが、ネロ帝からトラヤヌス帝の時代にかけては、奇妙なくらい複雑な髪型が流行します。小さな捲き毛をたくさん重ねて、頭上高く結い上げる髪型で、ユウェナリスが、「前から見たらアンドロマケのような大女だが、後ろから見たら小さくて、別人だと思われよう」（同六・五〇一〜五〇四）と笑っている髪型です。

このように複雑な髪型は技術と時間を要していたでしょうから、ときには捲き毛が一つ飛び出してしまうこともあったでしょう。逢《あ》い引きで心急《せ》いている奥様をいらいらさせたことでしょう。そんなとき、あわれな髪結い奴隷は、奥様からの鞭の一振りやピンの一刺しを恐れなくてはなりませんでした。なかには、マルティアリスの諷刺詩に登場する可哀

ローマ女性のヘアスタイル

想な女奴隷プレクサのように、怒った奥様に金属製の鏡で思いっきり殴られて、気を失ってしまう髪結い奴隷もいたかもしれません(『エピグランマタ』二・六六)。

なお、ローマ人はすでに髪染めを知っていました。一世紀半ばの大プリニウスによれば、木(とくにブナの木がよい)の灰と山羊《やぎ》の脂でつくられた髪染め剤(sapo《サポ》)が、髪の毛を赤く染めるために使用されていたそうです(『博物誌』二八・一九一)。また、鬘《かつら》も使用されていたようです。ゲルマン人のブロンドから作られた鬘はとくに人気があったといいます(イングランドのヨークの四世紀の墓から、ブロンドの鬘の現物と鬘留めのピンが見つかっている)。さらには、インドから輸入された黒髪に関税がかけられていたといいますから、帝国内ではかなりの需要があったことをうかがわせます。

ただし、鬘を着用していたのは専ら女性で、男性の場合は、体毛や毛髪のことにあまり気を遣いすぎると「女々しい」と非難されることがあったので、たとえ禿《は》げていてもそうそう鬘に頼ることはできなかったでしょう。お忍びで夜の町に繰り出すとき、カリグラ帝は鬘をかぶったそうですが、これはあくまでも変装のためでした（確かに彼はてっぺん禿げだったが）。

とは言え、禿げに悩む男たちは今も昔も少なからずいたわけで、あのカエサルは容赦なく後退する額の生え際のことを、政敵だけでなく味方からも決まってからかわれていたこともあり、ひどく気にかけ、常日頃から乏しい髪の毛を頭のてっぺんから額のほうへ撫《な》で下ろしていたそうです。彼に贈られたあらゆる名誉のうち、月桂冠《げっけいかん》を終身かぶれる（禿げを隠せる）という権利ほど、彼が喜んで受け取り活用したものはなかったといいます。

カリグラ帝は、体毛は牡山羊のように濃かったけれども、髪は少なく頭のてっぺんには一本の毛髪もなかったため、高い所から彼をうかつに見下ろすと命が危なかったそうです。ドミティアヌス帝もまた悩める男たちの一人でしたが、彼はカリグラ帝とはちがってポジティブな禿げでした。『頭髪の手入れについて』という小冊子を自ら公刊し、次の一文を添えて同志を励まし慰めようとしたそうです。

「若き日の毛髪が老いさらばえるのを、気丈に耐えるのだ。優美よりも心地よきものはなく、優美よりはかなきもののもないことを知れ」と。こんなにも正しく、身も蓋《ふた》もない慰めの言葉にはめったにお目にかかれません。真実が慰めてくれるとは限らないという、よい例でしょう（スエトニウス「カエサル伝」一一、四五、「カリグラ伝」五〇、「ドミティアヌス伝」一八）。

こうして見てみると、どうやらローマの男たちは、禿げることをけっこう気に病んでいたようです。アウグストゥス帝時代の詩人オウィディウスもこう歌っています。「われわれ男たちの禿げるさまは見苦しい。髪の毛は積もる齢《よわい》に奪い去られ、北風が木の葉を吹き散らすように抜け落ちてしまう」と（『恋愛指南』三・一六一〜一六二）。また、前四一年のペルージャの戦いでオクタウィアヌス（アウグストゥス）は、アントニウスの妻フルウィアと弟ルキウスを侮辱し敵方の士気を下げるために、投射機の鉛弾に「禿げ頭のルキウス＝アントニウスよ。フルウィアよ。尻の穴を見せてみろ」と刻文させました（『ラテン碑文集成』一・六八四）。

弾は命中しなくても、禿げという悪口がローマの男たちの胸を深くえぐっていたようです。

美容

ポンペイをはじめとする都市の遺構からは、帝政時代のローマ人たちを美しくするために用いられていたさまざまな器具が発見されています。爪の手入れをする器具、毛抜き、爪楊枝《つまようじ》、耳かき、カミソリ、お風呂《ふろ》で身体に塗った香油を掻《か》き落とし、同時に汗や垢《あか》を擦《こす》り落とす器具、細口の軟膏《なんこう》瓶などから薬品や化粧品を掻き出すのに用いられていた小さじといったような、たいていは青銅製の美容器具が多数出土しています。

三世紀前半の法学者ウルピアヌスが、女性の化粧道具について面白い記述を残しています（『学説彙纂《いさん》』三四・二・二五・一〇）。女性が遺言のなかで「化粧道具」を誰かに遺《のこ》すと書いていた場合に、それが具体的に何を指すかを定義した法文です。それによれば、化粧道具には「鏡、化粧瓶、香油、香油瓶、お風呂セット」が含まれるとあります。これらが、当時の一般的な女性が所有していた化粧道具だったといえるでしょう。

当時の鏡は、青銅板や銀板を磨いたものがよく使われていました。バラやユリ、サフランやアイリスなどの花の香りから香水が作られていました。あるいは、東方から輸入されてきた高価で香りのよいスパイスも利用されていました。ただし、香料の溶剤としてアルコールを使用することは知られていなかったので、たいていはオリーブ油やアーモンド油に溶かされた、粘性の高いものでした。したがって、香水というよりは香油といったほうがよいでしょう。

ウルピアヌスの法文のなかでは櫛《くし》への言及がありませんが、骨製または木製の櫛が実際に見つかっています。おそらくは、櫛は安価な消耗品と見なされて、相続品の対象とは考えられていなかったのでしょう。

化粧道具

さまざまな化粧品が、女性の真の姿を隠すのに大いに役立っていました。一世紀後半の諷刺詩人マルティアリスは、ある老女の厚化粧ぶりを痛烈に皮肉っています。

ガッラよ、おまえ自身は家にいながら、スブラの真ん中の装いをし、ここにはない髪がおまえには生える。夜には絹の着物も義歯も脱ぎ払って、百を数える小箱にしまって、横になる。おまえの顔は、おまえと一緒に眠らないわけだけれど、朝になると取り出した眉《まゆ》で色目を使い……快楽を約束する。

（『エピグランマタ』九・三七）

スブラというのは、ウィミナリス丘とエスクィリヌス丘の間にひろがる下町の繁華街で、たいていの化粧品はここで買うことができました。マルティアリスが嘲笑《あざわら》っている老女ガッラは、スブラで購入したさまざまな化粧品で流行の装いをし、鬘をかぶり、高価な絹織物を身にまとい、芳香のある動物の脂の煤《すす》から作られた眉墨で眉を描き、象牙《ぞうげ》製の入れ歯をはめた笑顔で、昼間の顔と夜の顔とではまったく違うとは露知らぬ男たちを誘惑していたのでした。

現代人と同様、ローマ人もまた真っ白な歯に憧《あこが》れていたようです。詩人のオウィディウスは恋愛の技術を説くなかで、恋する男は「歯に歯糞《くそ》をためてはいけない」、愛されたい女は「不精のせいで歯を黒ずませてはいけない」、もし黒ずんでいるなら、笑ってはいけないと注意していますす（『恋愛指南』一・五一五、三・一九七、二一六）。

ローマ人は歯を白く健康に保つために、さまざまな歯磨き粉を使っていました。大プリニウスによれば、歯磨き粉は、鹿の角や犬の歯、軽石などを焼いた灰に蜂蜜《はちみつ》や没薬《もつやく》、ワインなどをまぜて作られていたといいます（『博物誌』二八・四九、三〇・八、三六・四二）。前一世紀前半の詩人カトゥッルスは、スペインでは自分の尿で歯を磨く習慣があると伝えており（同三九）、二世紀半ばの作家アプレイウスは、アラビアの果物から歯磨き粉を作ったことが魔術にあたるとして訴えられています（『弁明』六）。また、ローマ人の身の回り品をお題にして作詩したマルティアリスも歯磨き粉（dentifricium《デンティフリキウム》）のことを歌っています。

　君は私（＝歯磨き粉）に何の用がおありか？　私を女の子に使わせなされ。買うた歯（＝義歯）は、私はふつう磨かぬことにしている。　（『エピグランマタ』一四・五六）

なお、爪楊枝はヘレニズム時代から使われていたようで、前一世紀の歴史家ディオドロス＝シクロスによれば、シチリアの僭主《せんしゅ》アガトクレスは食事後には必ず爪楊枝で歯を掃除していたそうです（『歴史叢書』二一・一六・四）。

ローマ女性は美白にも余念がありませんでした。小麦粉をロバの乳でこねた美白パックがよく使われていましたが、詩人のオウィディウスは『婦人の化粧について』のなかで、卵や蜂蜜、雄鹿の角や水仙の球根などを原料とした美白パックを紹介しており、「これを顔に塗った女性は誰でも、（顔を映している）鏡よりもさらに顔を輝かせることができるだろう」と保証しています。

さらには、白亜や白鉛を成分とするファンデーションで顔を白く化粧していました。最近、ロンドンの神殿跡で発見されたローマ時代（二世紀半ば）のファンデーションは、動物の脂肪、デンプン、酸化スズを成分としたもので、脂肪分による保湿効果とデンプン作用によるさらさら感を期待できるすぐれたクリームだそうです。このようなファンデーションで白く化粧したあと、日差しの強い日には、日よけの帽子（アウグストゥス帝も夏に愛用していた）や日傘で、万全の紫外線対策をとっていたようです。

こうしてできあがった白肌に、アルカナや桑の実などの植物からつくられたルージュ、黒い煤やアンチモンの碧《あお》い粉末からつくられたアイシャドーを塗って、美しく変身していました。

装身具もまた、女性の美しさをひきたてるのに欠かせないものでした。前述した法学者のウルピアヌスは、女性の装身具についても定義しています。

それによれば、「イヤリング、ブレスレット、腕輪、印章なしの指輪（印章つきの指輪は男の持ち物と考えられていた）、髪飾り、婦人帽、スカーフ、真珠つきのヘアピン、サフラン色のヘアネット」が女性の装身具として挙げられています。黄金製か銀製か、珍しい貴石かそうでないか、細工の巧拙等々で、値段の高い安いもさまざまだったでしょうが、これらの品々が一般に女性の身を美しく飾っていたのでしょう。

ウルピアヌスは挙げていませんが、古代ローマでは琥珀《こはく》が女性の日常的な装身具でした。琥珀は現在では比較的値の張る宝飾品ですが、ローマ時代は安価で、一般女性も琥珀を珠状に磨いた琥珀玉を身につけていました。琥珀玉は、宝飾品としての役目と芳香剤としての役目があったからです（大プリニウス『博物誌』三七・四七によれば、色が薄いほど芳香も強かったという）。

琥珀は火で燃すと強い芳香を発し、手で暖めたり、琥珀を擦りあわせると微《かす》かな芳香を発します。ローマの女性たちは、琥珀玉を身につけて、その芳香で殿方を魅了していたのでしょう。あるいは、その芳香で都市の悪臭を少しでも感じないですむよう工夫していたのでしょう。

話は逸れますが、古代ローマ時代の都市は、どんな臭いがしていたのでしょうか。たとえばの話、私たち現代の日本人が古代のポンペイの街にタイムスリップしたならば、どんな臭いを嗅《か》ぐことになるのでしょうか。

ポンペイにも下水道はありましたが、下水処理はなされていませんでした。また、路地裏では下水が流れず、しばしば汚水だまりができていました。公衆トイレはありましたが、個人トイレのなかったアパートの上層階の住人のなかには、糞尿《ふんにょう》を下の通りにぶちまける不届き者もおりました。

それから、ガルムです。魚の内臓などを発酵させて作る魚醬《ぎょしょう》の一種ですから、ガルム工房の付近には嫌な臭いがたちこめていたことでしょう。息の臭い奴のことをローマ人は

「ガルム」と表現していたくらいですから。縮絨《しゅくじゅう》工房も臭さでは負けていません。なんといっても、毛織物の洗濯には古い尿が使われていたのですから。それに、布地を白く晒《さら》すために硫黄《いおう》が焚《た》かれていたので、これも相当な悪臭をあたりに漂わせていたはずです。

古代ローマの都市には、このようにさまざまな悪臭の元となるものが存在していたので、女性にとって琥珀玉は必需品だったはずです。共和政末期のキケロが伝えるところによれば、シチリアの属州総督であったウェッレスは悪臭から身を守るために、薔薇《ばら》の花で一杯にしたバッグを常に持ち歩き、また首には薔薇の花輪をかけていたといいます。女性ばかりでなく、男性にとっても、都市の悪臭はたまらないものだったようです。

第20章 教育と学問

教育

共和政期の伝統的なローマの教育観は、親が子供の教育に責任を持つというものでした。読み書き計算の基本は父親自らが息子や娘に教えていました。水泳や武器の扱い方などは父親が息子に、機織りや料理などは母親が娘に、自ら手本を見せながら覚えさせていたようです。

名門の元老院家系の息子は一六歳くらいになると、父親の友人の政治家などのお供をつとめ、一七歳くらいで見習い将校として従軍していたので、その前からあらかじめ父親は、息子を元老院の議場や広場の演壇などに見学に連れていって、政治生活の一端に触れさせていました。こうした伝統的な教育方針は帝政期においても、父祖の遺風《モス・マイオルム》を重んじるいくつかの家でおこなわれ続けていたようです。

征服や通商を通じて、ギリシア世界とより頻繁に接するようになった紀元前三世紀ころから、ローマでも教育を生業《なりわい》とする教師の存在が徐々に見られるようになり、七歳くらいから一一歳くらいの子供たちは、それまで父親が教えていた読み書き計算といった学習の基本を、初等教師のもとで学ぶようになります。むろん、皆がみな初等教師のもとに通っていたわけではありません。ローマには義務教育という考え方がなかったからです。

政治エリートの子弟には一流の学者が家庭教師としてつけられることもありました。たとえばグラックス兄弟の孟母コルネリアは、世界中から一流の教師を集めて、この兄弟にあてがったそうです。また、今でいう「学校」のような教育目的のための施設はなかったので、初等教師は、自分の私室で、あるいは店舗の軒先や公共建造物の空きスペースを借り、そこに何人かの生徒を集めて、朝早くから正午ころまで授業をおこなっていました。寺子屋に近かったと考えてよいでしょう。

初等教師の多くは、東方のギリシア文化圏出身の奴隷や被解放自由人だったので、ローマ社会において教師はながらく低い地位にとどめおかれていました。授業料も安かったようで、なかには代書屋の副業で収入を補う教師もいたようです。

前二世紀の末ころから、ギリシア語とラテン語で書かれた文学作品（主に韻文）をテキストにして文法や文学を教える中等教師（文法教師）や、演説をより説得的なものにするための技術（修辞学）を教える高等教師（修辞学教師）も現れるようになります。

帝政期になると、政策決定は皇帝の手に集中するようになり、元老院や広場での演説の重要性は低下していきましたが、それでも修辞学は教育の要《かなめ》と見なされ、法廷弁論家のような職業に進む男子にとっては不可欠の学問だったので、帝政期には主要な都市で、修辞学教師の公設ポストが設けられるようになりました。ちなみに、国から給料をもらってローマで修辞学を教えた最初の教師は、一世紀後半のクィンティリアヌスだったと伝えられています。

元老院議員の息子のような政治エリートたちは、ローマで修辞学を修めたのちに、さらにギリシアなどへ留学することもありました。あのキケロは自らも、そしてその息子もまたギリシアに留学しています。父親は才能も勉学意欲もある留学生でしたが、息子の小キケロのほうは、悪友との遊興で父親の仕送りをすぐに使い果たして、金の無心を繰り返していました。どうやら、こういうバカ息子はいつの時代にもいたようです。

本屋と図書館

本屋と図書館の数は、その社会の知的レベルを計る一つのバロメーターといえますが、では、古代ローマはどのような情況にあったのでしょうか。

共和政末期から元首政期にかけてのローマの街には、ローマ広場に接するあたりにアルギレトゥムという地域があって、ここに本屋と靴屋が多く集まっていたそうです。当時の本は、現在の紙の原型であるパピルスや、牛や羊などの皮をなめした革紙に文字を筆写して作っていました。本屋も、靴屋と同様、革を扱っていたので、同じ地域に店を構えるようになったのでしょう。

大手の出版業者としては、キケロの著作を扱っていたアッティクス、ホラティウスの著作を扱っていたソシウス兄弟、マルティアリスとクィンティリアヌスの著作を扱っていたトリュフォンなどの名前が知られています。ちなみに、現在のような本の形（紙を何枚も重ねて綴《と》じた形）は一世紀ころから見られるようになりますが、それが主流となるのは四世紀以降のことで、それまでは、巻物（volumen《ウォルメン》. 英語の volume の語源）の形で販売されていました。

伝えによれば、ローマ最初の公立図書館は、アウグストゥス帝がガイウス＝アシニウス＝ポッリオに命じて、「自由のアトリウム」という場所に造らせたものだそうです。アウグストゥス帝はこの他にも二つの図書館を、マルスの野とパラティヌス丘に造らせました。のちの皇帝たちもいくつかの図書館を建設しましたが、なかでも有名なのが、トラヤヌス帝がローマ市に建設したウルピウス図書館で、図書閲覧室はそれぞれ一四〇坪ほどの広さがあったそうです。

皇帝だけでなく、裕福な元老院議員などが自分にゆかりのある地に図書館を寄贈したり、図書館の維持費を支払ったりしている事例も存在します。二世紀はじめの元老院議員であった小プリニウスは一〇〇万セステルティウスを故郷コムム（現コモ）の図書館に寄付しています。

一〇〇万セステルティウスといえば、小プリニウスの年収分くらいにあたり、バカにできる額ではありません。図書館には、本を管理する司書や本の内容を筆写する書記など、多くの職員が働いていたので、図書の購入費に加えて人件費などもかかり、相当な維持費が必要だったのでしょう。

本を収集する習慣がいつごろローマに定着したかは定かではありませんが、史料で確認できる限りでは、やはりローマの東方進出のころからのようです。

前二世紀半ばに戦われた第三回マケドニア戦争後に、ローマの将軍であったルキウス＝アエミリウス＝パウッルスは、マケドニア王ペルセウスの蔵書を入手し、ローマで個人の図書館を造ったと伝えられています。また、前一世紀半ばの第三回ミトリダテス戦争のときに、ローマの将軍ルキウス＝リキニウス＝ルクッルスは、ポントス王の蔵書を戦利品として得て、彼個人の所有としました。ギリシアをはじめとした東方の先進文化にふれて、ローマ人の蔵書熱に火がついたようです。こうして共和政末期以降、学芸を重んじる元老院議員や金持ちたちのあいだでは、屋敷に個人用の図書室を設けるのが一般的となっていきました。

七九年のウェスウィウス山の大噴火で埋没した都市ヘルクラネウムの近郊に、パピルス荘と呼ばれる個人の別荘趾《あと》が残っていますが、そこからは、木製の本棚から炭化した一八〇三巻ものパピルスの巻物が見つかっています。

学問

後世のローマ人から「ローマ最初の学者」と称えられたのが、ルキウス＝アエリウスでした。前一五〇年ころにローマ近郊の町ラヌウィウムの騎士階層の家に生まれ、ストア哲学者としても有名だった人です。その研究対象はひろく、故事研究、語義・語源論、文学批評、プラウトゥスの喜劇作品の索引作りに始まって、さらには十二表法の研究や宗教学にまで及んでいました。

「最初の学者」の登場が前二世紀後半というのは、いかにも遅いという感じがしますが、これは、共和政時代のローマが農民と兵士を中心とする質実剛健な男の社会であった、あるいは、そうありたいという精神風土が根強く残っていたからだと思います。

ローマ人たちは、自分たちのご先祖様のことを、日々農耕に汗しながら質素な生活をおくり、暇を見つけては武具の手入れや武器の訓練にはげむ農民であり兵士でもあった、と理想をこめて描くのが好きでした。そのためでしょうか、学問や芸術、文学や医学といった男の世界とは無縁のものは、全部ギリシアからやってきたものだと説明する癖がローマ人にはあったようです。

事実、ローマ人が洗練された学問に初めて触れたのは、ペルガモン王(この王国もギリシア文化圏だった)の使節として前一五九年ころにローマを訪れたクラテスの講義のときだった、とスエトニウスは説明しています。

ちなみに、「ローマ最大の学者」と称されたのが、前一世紀のウァッロです。彼はポンペイウス派の将軍であり政治家でしたが、同時に、歴史学、地理学、修辞学、文学、言語学、宗教学、法学、哲学、音楽、医学、建築学、農学など、多方面にわたる四九〇巻以上の著作をものした人物としても知られています。ちなみに、カエサルが公立図書館設立を計画したときに、図書館長に据えようとしたのがこのウァッロです。

「ウァッロに次いで博識の人」の異名をとったのが、キケロの友人で、ポンペイウス派の政治家であったプブリウス＝ニギディウス＝フィグルスでした。彼もまた、文法学、神学、占星術、魔術、ピュタゴラス哲学など、多方面にわたって造詣《ぞうけい》が深かったといいます。

共和政末期以降、学問の分野で名を残したローマ人はこの他にもたくさんいますが、彼らに共通してみられるのは、いずれも素人研究者だったということ、そして、博物学的・百科全書的な研究内容だったということの二点でしょう。こうした特徴は、二三年（または二四年）に北イタリアのコムムの裕福な騎士階層の家に生まれた大プリニウスに典型的に見ることができます。

彼は、ミセヌム艦隊の指揮官（いわばこちらが本業）をつとめた政治家でしたが、公務の合間をぬって、人間界と自然界にかかわる知識を集大成した『博物誌』を著し、この他にも、歴史や軍事、哲学や弁論など多岐にわたる著作をものしたといわれています。要するに、ローマで「学者」とよばれた人は、閑暇を利用して知識を研鑽《けんさん》した素人研究者だったわけです。

さまざまな学問を修めるためには、研究のために多くの時間を割かねばなりません。中国北宋《ほくそう》時代のある賢人は、頭が冴《さ》えるのは、馬上、枕上、厠上《しじょう》と言いましたが、これを文字通り実践していたのが大プリニウスでした。

彼は、臥輿《ふこし》に乗って運ばれているときにも、午睡につくときにも、風呂《ふろ》に入っていると

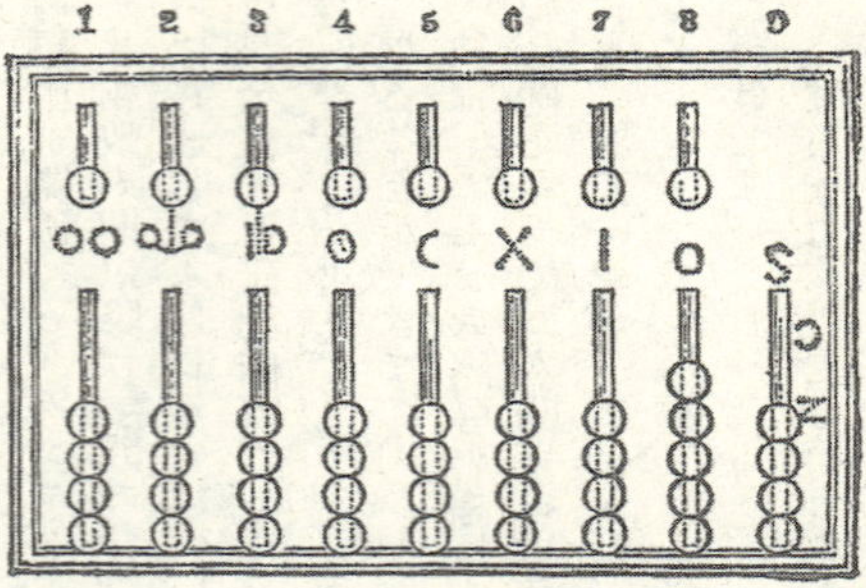

ローマ時代のソロバン（abacus《アバクス》）
上方に８本の短い溝、下方に９本の長い溝が彫られ、その溝の中をソロバンの珠がスライドする仕組み。左から１本目の溝は1,000,000の位、２本目の溝は100,000の位、３本目の溝は10,000の位、４本目の溝は1,000の位、５本目の溝（Cと書かれている溝）は100の位、６本目の溝（Xと書かれている溝）は10の位、７本目の溝（Ⅰと書かれている溝）は１の位を表し、８本目と９本目の溝（OとSと書かれている溝）は分数の計算に用いた。

きにも寸暇を惜しんで、奴隷に書を朗読させていました（トイレでもそうしていたかは記録に残っていないが）。「生きるとは、眠らずに目を覚ましていることです」と大プリニウスは言い切っていますが、彼の場合この言は嘘でも誇張でもなかったようです。

ローマ人の刻苦勉励ぶりには頭が下がるばかりですが、しかし忘れてはならないのは、こんな贅沢《ぜいたく》な学習環境に身を置けるのは、時間と金銭に余裕のあるごく一握りの人々だったということです。その結果、学問は日々の肉体労働から解放された裕福な自由人にこそふさわしいと考えられるようになりました。そして、こうした考え方は、学問の実用化への関心を薄くし、さらには学問を生業とすることへの軽蔑《けいべつ》につながることもありました。ローマで教師の社会的地位が低かったのはこのためです。

また、裕福な素人が知的関心のおもむくままに研究するのですから、研究内容が、良く言えば博物学的・百科全書的、悪く言えば何でもありの中途半端なものとなったのも、当然の結果といえるでしょう。

むろん、ローマの学者のすべてが、身分ある自由人だったわけではありません。教育を生業とする教師でありながら、学者としても一目おかれていた者もいました。

たとえば、前二世紀末のローマ市で修辞学を教えて生計をたてていた教師で、プラウトゥスの研究者としても有名だったアウレリウス＝オピッルスや、アウグストゥス帝の孫たちの家庭教師を務めるかたわらで、浩瀚《こうかん》なラテン語辞書を編纂《へんさん》したウェッリウス＝フラックスなどがそうです。しかし、彼らはあくまでも例外的な存在で、両名とも被解放自由人身分だったということを忘れてはならないでしょう。

現代の大学生が学問の基礎づくりとして最初にうける「教養教育」のことを、英語でliberal artsといいますが、これはラテン語のartes liberales《アルテス リベラレス》に由来し、直訳すれば「自由学芸」です。学問や教養を修めるには、思想的にも身体的にも、そして時間的にも自由であることが大事という考え方は、今日に至るまで連綿と受け継がれているわけです。

第21章　教養と識字

女性と教養

もう少し教育にかかわる話を続けましょう。前章でお話ししたように、初等教師に支払う授業料はそれほど高くはなかったので、庶民の子供たちでも通うことが可能でしたし、男の子だけでなく女の子も一緒に学んでいましたが、中等教師や、ましてや高等教師のもとで学ぶのは、ほとんどが裕福な家庭の男子でした。

裕福な家庭で育った女性のなかには、父親から文学や音楽、ときには法学の手ほどきを受けている事例も散見できますが、一般的にはやはり女子よりも男子のほうが教育を受ける機会に恵まれていたようです。性による教育格差というものは、古代ローマでも見られた現象だったのです。

紀元二世紀はじめの諷刺《ふうし》詩人ユウェナリスは、ギリシアの詩人ホメロスとローマの詩人ウェルギリウスの優劣を論じ、『アエネイス』の登場人物で、アエネアスに恋慕した末に自死を選んだカルタゴの女王エリッサ（＝ディド）の行動を物知り顔で批評するような、そんな知ったかぶり女を痛烈に非難しています。

> しかし、もっとひどい女といえば、宴席に横たわるやいなや、ウェルギリウスを誉め讃《たた》え、死にゆくエリッサに赦しをたれ、詩人たちを競わせ比べて、挙げ句にマロ（＝ウェルギリウス）を（天秤《てんびん》の一方に）、そしてホメロスを天秤のもう一方に吊《つる》すような女である。学校の先生たちは尻込《しりご》みし、修辞学者だってかなわない。その場の誰もが押し黙る。弁護士だろうが競売人だろうが、喋《しゃべ》りをやめてしまう。……君の隣に寝そべって、弁論法や、もって回った表現でひねりを利かせた弁論術的推論を弄《もてあそ》ぶような女を妻にすることなかれ。あらゆる歴史に通じているような妻ではなく、書物の内容について少しくらいは理解できないところもあるような妻でありますように。
>
> （『サトゥラエ』六・四三四～四五一）

しかし、その一方で、ユウェナリスとほぼ同時期の元老院議員であった小プリニウスは親戚《しんせき》に宛てた手紙のなかで、若妻カルプルニアの教養を絶賛しています。

> 妻のカルプルニアはとても聡明《そうめい》で、家のことをきちんとやってくれています。私のことを愛してくれます。これは貞淑の証《あか》しです。これらに加えて、妻は文学にも深い関心を抱いています。これは、私に対する尊敬の念から生まれたものです。私の著書を肌身離

さず持ち歩き、朗読し、なんと暗唱することもできるのです。……さらに彼女は、私が朗読するときはいつでも、私のそば近くの舞台幕の陰に腰を下ろして耳を澄まし、私への讃辞を聞き漏らさないようにしています。私の詩を歌ってもくれます。そればかりか、竪琴《たてごと》の伴奏にあわせて歌ってくれたりもします。妻は、どこかの音楽家の手ほどきを受けたわけではなく、最良の教師ともいえる愛情によって手ほどきされているのです。

（『書簡集』四・一九）

この二つの史料を読むと、女性の教養をめぐって相反するような評価が当時の男たちによって下されているかのように見えますが、しかし、もう少し注意してその内容を読み比べてみると、ユウェナリスは、女性に教養があるということ自体を非難しているのではなく、教養をひけらかす女性の慎みのなさを非難しているのであり、他方、小プリニウスが称讃しているのは、あくまでも夫（＝男）をひきたてる術《すべ》としての女性の教養だったことがわかります。

この二人の男の言説のなかに、古代ローマにおけるジェンダーの問題、つまり、女性と教養はどのような関係にあるべきか、教養ある女性はどうふるまうべきか、といったような「べき論」を垣間《かいま》見ることができるでしょう。

庶民と教養

自らも教師の経験があったユウェナリスは、中等教師の年収は剣闘士の試合賞金一回分にも及ばなかった、と嘆いています。少々誇張気味ではありますが、いずれにしても、中等教師に支払う授業料はそれほど高額ではなかったといえるでしょう。おそらく、初等教師への授業料はもっと安かったでしょうから（ユウェナリスによれば――これも誇張だが――学童が最初に支払う入学金はたったの一アスだった）、庶民層の子供たちであっても、初等教師のもとで学ぶ機会はある程度はあったと思われます。

初等教師の授業は、三月の二〇日ころから始まりました。夏休みがあったかどうかについては議論がありますが、イタリアのように厳しい夏が訪れる地域では、事実上、授業をおこなうのは難しかったでしょう。

授業は朝早くから六時間ほどおこなわれ、八日目ごとに休みとなっていました。前一世紀後半の詩人ホラティウスが自分の子供時代の先生に「鞭《むち》好き」という渾名《あだな》をつけているように、あるいは当時の授業の様子を描いたレリーフが示しているように、教師による体罰は日常茶飯事で、とても厳しい授業がおこなわれていました。

したがって、初等教師のもとで毎日六時間、夏休みをはさんで十ヶ月間ほど、みっちりと教育を受けた子供たちは、少なくとも簡単な文字の読み書きと分数の計算くらいはできるようになったと思えるのですが、はたして実際のところはどうだったのでしょうか。

二世紀前半のハドリアヌス帝は、イタリアだけでなく属州の地方都市でも初等教育を充実させるべく、教師を免税扱いするよう命じています。元首政期になると、いわゆる国民教育の重要性というものが認識されるようになったようです。しかし、その一方で、四世紀末の軍事家ウェゲティウスは、新兵を募る際には文字の読み書きができるかどうかを検査するよう勧めています。

こうした史料を見ると、実際の教育効果というものに疑問が生じてきます。ローマの文化・文明が成熟段階に達していたハドリアヌス帝の時代にあっても、国家が主導して初等教育にてこ入れしなければならない状態だったのではないか、と思えてくるのです。

事実、ハドリアヌス帝と同じ時代を生きたある靴職人は、「俺は、愚かな両親からちょっとばかり文字を教わった。文法教師や修辞学教師が俺に何の用があるというのか」（マルティアリス『エピグランマタ』九・七三）と胸をはって言いきっています。職人にとって頼りは腕であって、文字の読み書きなどをわざわざ教師から学ばなくとも、親から「ちょっとばかり」教われば、それで事足りていたのでしょう。

むろん、学問や教養というものは、別に教師のもとに通わなくとも修めることはできます。現在、東京都には、人口一〇〇万人あたり三〇館ほどの国立・公立図書館があるそうです。私たちにその気さえあれば、こうした図書館で本を借りて、学問や教養を身につけることができるわけです。

一方のローマですが、四世紀のローマの街には、大きな図書館が二八館あったそうです。当時のローマ市の人口はおそらく一〇〇万人未満だったので、庶民が独力で学ぶための文化的環境は、今の東京都にも負けていなかったと評せます。ただし、ローマ時代のアテナイにあった公立図書館址《あと》から発見された石碑によれば、図書館の開館時間は夜明けから正午までで、本の貸出はおこなわれていませんでした。大量印刷の技術がまだなかった時代ですから、本の貸出がおこなわれていなかったのも理解できます。

ポントス王の蔵書を基にして個人の図書館を造ったルクッルス（前章を参照）は、誰にでも本を貸す用意があったといいますが、誰にでもといってもそれは顔見知りの上層の人々が対象となっていたのであり、見ず知らずの一般庶民はその限りではなかったでしょう。また、ローマでは午前中が主たる就労時間だったので、日々の仕事に忙しい庶民が、図書館を利用するのも事実上難しかっただろうと思います。

前章でお話ししたように、古代ローマにもたくさんの本屋があって、本屋街すら形成していました。本の値段について詳しいことはわかっていませんし、また物によって値段もちがっていましたが、一世紀末ころの史料によれば、廉価版でだいたい二セステルティウス、豪華版でだいたい二〇セステルティウスくらいでした。

二セステルティウスならば、庶民でも手の届く額ではありますが、それでもローマの公衆浴場の入館料の三二倍の額に相当します。そうなると、はたしてどれほどの庶民が本を買って読んでいたのか疑問に思えてきます。

古代ローマの上層の人々はたいてい、ラテン語とギリシア語に堪能《たんのう》でした。したがって、上層の人々の識字率は高かったといえるでしょう。

問題は、一般の庶民がどのくらい文字を読み書きできていたのかです。古代都市ポンペイに残る落書を分析した研究によれば、ポンペイの庶民は、耳で聞き取った音をそのままアルファベットにして書くことはできたようですが、聞こえたままに文章化していたので、文法の誤りや綴《つづ》りの間違いも少なからずあります。

落書のなかには、ウェルギリウスやオウィディウスの作品をもじったパロディや韻を踏んだ自作の詩文なども散見されますが、数からいえばごく少数で、誰が書いたのか（庶民なのかポンペイのエリート層なのか）もわかりません。おそらくは、日常生活に困らない程度の読み書きはできた、というのが当時の庶民の教育水準であり、教養と呼びうるようなレベルにはなかっただろうと想像されます。

速記術

伝えによれば、前二〇〇年ころに詩人のクィントゥス＝エンニウスが一一〇〇の速記記号を考案したそうですが、速記が本格的にローマでおこなわれるようになったのは共和政末期になってからのことでした。

ローマの要人暗殺を企《たくら》んだカティリナ一味の処罰をめぐって、前六三年に元老院で激論がかわされましたが、このときに執政官《コンスル》であったキケロは、子飼いの速記者たちを議場に投入し、「多くの文字の意味をもつ小さくて短い形の記号」で議論の内容を書き取らせたといいます。これ以降、元老院の議場には四〇人ほどの速記者が配置されるようになり、それぞれの速記者は互いの反訳文をつきあわせてより正確な演説記録を完成させるようになりました。

前五九年に執政官に就任したカエサルは、元老院議事録と国民日報（diurna《ディウルナ》。英語のjournalの語源）を公開する制度を始めましたが、こうした情報公開を可能にさせた背景には、優秀な速記者と正確な記録の存在があったからです。

また、キケロは九〇〇通ほどの書簡を書き残した筆まめな人としても有名ですが、これほどまでに膨大な量の書簡というものは、まず間違いなく口述速記されたものであり、ティロをはじめとする優秀な速記者の存在があったからこそ可能だったといえるでしょう。ティロというのは、キケロのそば近くで長年仕えた被解放自由人です。伝えによれば、キケロの伝記を執筆し、九九歳まで生きたそうです。彼はまた速記のための辞書を編纂したとも伝えられており、「ティロ式速記」の名で知られる速記法は、古代・中世期を通じて長らく親しまれたものです。

その詳しい内容については不明ですが、頻用単語や慣用句、個々のアルファベット文字を書きやすい形の表意記号にそれぞれ置き換えて、それらの記号を組み合わせたり、書く位置をずらしたり、臨機応変に摘記法を用いるものだったと思われます。一般庶民の識字率にはあやしいところもあった反面、読み書きのプロ（その多くは奴隷や被解放自由人）には、相当な技術があったようです。

帝政時代になっても速記の重要性に変わりはありませんでした。アウグストゥス帝は、自分で考案した筆法を孫たちに手ずから伝授したといいます。ティトゥス帝は彼の秘書たちと遊び半分で速記の競争をするほどの達人だったそうです。また、セプティミウス＝セウェルス帝は記録の正確さに病的なほどこだわっていたので、速記者なくしては国政もままならなかったと、その行き過ぎを批判されています。

キリスト教会も速記の重要性を認めていました。アウグスティヌスやヒエロニュムスは一〇人の速記者を抱えていたといいます。そもそも新約聖書のなかの何篇かは口述速記されたもので、山上の垂訓はルカによって速記されたと信じられており、パウロのコロサイ人への手紙も友人によって速記されたものだそうです。

元首政後期には速記の専門学校が創設されるようになり、国政に携わる官僚が修めるべき技術の一つと見なされるようになりました。ローマ文化が今日まで命脈を保つことができたのは、もちろん内容のすばらしさもありますが、速記というすぐれた記録の技術があったからともいえるでしょう。

第22章　剣闘士

歴史

紀元二世紀はじめの諷刺《ふうし》詩人ユウェナリスの有名な言葉をまず引用しましょう。

我々ローマ市民は……今では我とわが欲望を制限し、ただ二つのことしか気にかけず、ただそれだけを願っているのだ。パンとサーカスを。（『サトゥラエ』一〇・七九～八一）

二代目の皇帝ティベリウスの時代に、国政を司《つかさど》る政務官の選挙権がローマ市民の手から元老院へと移されてからというもの、ローマ市民は政治に対する責任を放棄してしまい、穀物の無料配給（パン）と競技場（サーカス）での見世物だけを欲する愚民に堕してしまったという痛烈な皮肉です。

戦車競走がおこなわれていた長円形の競技場のことをラテン語でCircus《キルクス》と言いました。キルクスはもともと「円」とか「輪」という意味で、この言葉が英語のサーカス（circus）

やサーキット（circuit）の語源になりました。ユウェナリスは、競技場での見世物すなわち戦車競走にだけ言及していますが、ここの意味は戦車競走も含むすべての見世物、たとえば演劇や演奏会、格闘技や剣闘士試合などを指していると解釈すべきでしょう。

「パンとサーカス」は皇帝が帝国を統治するための重要な手段と認識されていました。「最も善良で最も偉大」と称《たた》えられたトラヤヌス帝はそのことを熟知していた皇帝で、「ローマの民衆はとりわけ二つのこと、つまり穀物と見世物《スペクタクラ》で掌握されること。統治とはきまじめなことと同様に娯楽によって是認されること。生真面目な事態に注意を向けないならばより重大な損失を招き、娯楽に配慮しなければより深い恨みを買うに至ること。……食糧贈与によってはただ穀物配給に与《あずか》る民衆が個々別々に満たされるにすぎないが、見世物では民衆が一団となって懐柔されること」を肝に銘じていたそうです（フロント『ウェルス帝宛書簡――歴史への序言』一七）。

見世物は、民衆の日々の不満や欲求を熱狂のなかで発散させるための支配装置だったので、アウグストゥス帝の時代には年に六五日間ほどだったものが、五賢帝のマルクス＝アウレリウス帝の時代になると年に一三〇日間も開催されるようになりました。民衆の政治への無関心を利用した愚民政策がだんだんとエスカレートしていったことをうかがわせます。

見世物のなかで、戦車競走と人気を二分していたのが、円形闘技場でおこなわれていた剣闘士《グラディアトル》の試合でした。

ローマで最初におこなわれた剣闘士試合は、ユニウス＝ブルトゥス＝ペラの葬儀のときで、第一回ポエニ戦争が勃発した年と同じ前二六四年のことでした。ペラの二人の息子たちが主催し、三組の剣闘士がローマの牛広場で闘ったと伝えられています。葬儀の場で剣闘士試合をおこなうというのは、ペラの息子たちが考案したものではなく、南イタリアで古くからおこなわれていた風習にちなむと考えられています。ちなみに、ローマ人は、剣闘士試合の起源はエトルリアにあったと信じていたようです。

それにしても、なぜ葬儀のときに剣闘士試合がおこなわれていたのでしょうか。

非常に古い時代においてギリシア人やローマ人は、戦死した英雄の祭壇や火葬の薪の前で、生贄《いけにえ》となる人間を縛り上げ、その喉《のど》を切り裂くという儀式をときどきおこなっていました。したがって、剣闘士試合を人身御供の一種ととらえることも可能でしょう。あるいは、故人の勇ましい闘いぶりを墓前で再現し、その記憶を新たにして称讃するという意味もあったのでしょう。また、剣闘士試合をはじめとしてさまざまな見世物や施しをすることで、故人の気前のよさをアピールするのが目的であったとも推測できます。

剣闘士試合は、共和政末期ころまでは葬儀のような場で私的におこなわれる見世物でしたが、やがて、その人気ゆえに政治と結びつき、選挙で利用されるようになります。候補者が気前よく剣闘士試合を主催することで民衆の人気を獲得して、当選を果たすという現象が多く見られるようになったのです。

あのカエサルも選挙運動の一環として前代未聞の大規模な剣闘士試合を提供しており、

まさにそのころ、剣闘士試合に出場させることのできる剣闘士の数に上限をもうける法律が制定されています。選挙戦に剣闘士試合を利用することを制限しようとする動きがでてきたのです。

ローマ人に人気のあったもう一つの見世物が、カルタゴに起源をもつ野獣狩りでした。ローマの野獣狩りは、演劇や戦車競走と並んで造営官《アエディリス》が主催する公的行事であり、共和政末期ころまでは、私的行事の剣闘士試合と公的行事の野獣狩りが一緒に催されることはありませんでした。

この二つの見世物を一緒に主催して民衆に初めて提供したのがカエサルで、前四六年のことでした。その一七年後にアウグストゥス帝が、同じように剣闘士試合と野獣狩りを一緒におこなったことにより、午前中に野獣狩り、午後に剣闘士試合をおこなう例が増えていきました。ライオンや熊、象など世界中の珍しい猛獣が観客の好奇心と興奮をかきたて、見世物をさらに盛り上げました。

ヨーロッパに住む人々がこれほど多様な動物を次に目にすることができるようになったのは、ずっとのちの時代、一九世紀イギリスのロンドン動物園においてでした。ローマ帝国による属州支配と大英帝国による植民地支配は、被支配地の人間だけでなく自然をも支配しているのだということを、娯楽の場においてもアピールしていたのです。

野獣狩りや剣闘士試合と並んで円形闘技場でおこなわれる見世物としては、罪人の処罰がありました。

刑が比較的軽い罪人は、剣闘士のアシスタントとして闘技場に送られました。この場合には命を落とすことなく赦免されることも間々ありましたが、他方、重罪人は、武器を持たない猟師の恰好《かっこう》で野獣の前に投げ出されて野獣に嚙《か》み殺されたり、草食獣の扮装《ふんそう》をさせられて猟師に狩られたり、あるいは、過去の有名な罪人や神話の登場人物の扮装をさせられて、その末路を再現して処刑されたりしていました。恐怖と恥辱のなかで罪人が苦しみもがきながら死ぬ様子を公開することで、犯罪に対して正義が確かに復讐《ふくしゅう》を果たしたことを観衆に確認させ、同時に、見せしめによる犯罪抑止の効果も得ることができたでしょう。体力と知力を総動員して、死をも恐れず勇ましく闘う剣闘士の姿は、往時のローマ兵士の勇姿と重なって見えたにちがいありません。

「ローマの平和」の時代になると、戦場は国境付近へと遠のき、実際に戦線に立つのも徴兵された市民兵ではなく志願した職業軍人たちだったので、一般市民とりわけ都の住民が戦争を体験する機会はほぼなくなりました。そんな平和の時代にあって、円形闘技場は言うなれば、都市内に造られた人工的な戦場であり、そこで死闘を繰り広げる剣闘士はローマ兵士の似姿でもあったわけです。観衆はそこで戦争をバーチャルに体験しながら、戦士たる者が備えるべき勇気や技量というものを、それとは知らず学ぶことができたでしょう。

共和政期には、都市の広場や仮設の闘技場で試合がおこなわれていましたが、帝政期になると、石造りの常設の円形闘技場が帝国各地で陸続と建設されていき（二七〇ほどの遺構が確認されている）、見世物の内容も充実していきました。午前中に野獣狩り、お昼に罪人の処刑、午後に剣闘士試合という複数のプログラムが組まれる例も見られるようになり、それにつれて規模も大きくなり、ますますショーアップされていきました。

かくしてローマ世界では、剣闘士試合をはじめとする円形闘技場での見世物は一大エンターテインメントとなり、人々の人気をさらに集めることになりました。

一世紀末のドミティアヌス帝の時代には、首都ローマでの剣闘士試合は専ら皇帝によって主催されるようになり、地方都市でおこなう場合にも皇帝の許可が必要とされるようになりました。その熱狂的人気ゆえに、剣闘士試合は皇帝の専売特許となったのです。もちろん、ストア哲学者のセネカのように、剣闘士試合をよくないものと見なしたローマ人もいましたが、それはあくまでも少数意見にすぎませんでした。

しかし、やがてキリスト教の時代となると、こうした見世物は背徳的であるとする意見がキリスト教徒の知識人のあいだで目立つようになります。こうして、キリスト教を公認したコンスタンティヌス帝は三二五年に初めて剣闘士試合を禁止する法を発布し（試合そのものを禁じたのではなく、刑罰として試合に出場させることを禁じたという説もある）、四〇四年にホノリウス帝が再度、剣闘士試合を禁じたことで、五世紀半ば頃になると剣闘士試合はあまりおこなわれなくなりました。

剣闘士試合

試合で闘う剣闘士の多くは、剣闘士養成所から調達されていました。二世紀の法学者がイウスによれば、剣闘士一人あたりのリース料は八〇セステルティウスほどでしたが、もしも剣闘士が負傷したり死亡したりしたときには、リース料の五〇倍つまり四〇〇〇セステルティウスで買い取らなくてはならなかったようです。

養成所では、身体の屈強な奴隷が教練士のもとで日々きびしい訓練をつんでいました。首都ローマをはじめとしてさまざまな都市に剣闘士養成所がありましたが、イタリアではカプア（ナポリの北二五キロメートル）の養成所が有名で、前七三年に反乱をおこしたあのスパルタクスはここを脱走した剣闘士奴隷でした。

剣闘士試合に出場したのは奴隷だけではありませんでした。なかには、金銭を求めて、あるいはスリルを求めて（一世紀前半の詩人マニリウスによれば、さそり座生まれにこうした好戦的な者が多かったという）、試合の主催者と個別に契約を結んで出場する自由人もいました。

ただし、自由人の場合は、護民官（トリブヌス・プレビス）の前に出頭して、自由意志に基づいて剣闘士試合に出場する旨を宣誓しなければなりませんでした。宣誓の文句は、「火で焼かれ、鎖につながれ、鞭《むち》で打たれ、鉄剣で殺されようとも」でした。訓練と試合の苛酷《かこく》さをよく伝える表現です。

人気のある剣闘士は、今でいうアイドルのような存在でした。古代都市ポンペイの壁の落書には実際に、大好きな剣闘士に宛てたファンたちの熱烈なラブコールがいくつか残っています。

こうした人気にひかれて試合に出場する元老院議員や騎士もいました。アウグストゥス帝とティベリウス帝は元老院家系および騎士家系の者の出場を法で禁じましたが、カリグラ帝やコンモドゥス帝のように、自ら闘技場で闘う皇帝もいたというありさまだったので、この法はあまり効果がなかったようです。また、ドミティアヌス帝の時代には、女たちも闘ったそうです。

このようにして出場者たちが集められて、いよいよ試合の運びとなるわけですが、その前に、試合の前夜祭のような行事がおこなわれます。それは、「自由の宴会」と呼ばれる宴会で、試合の主催者が、自分のために命をかけて闘う剣闘士たちをもてなすものでした。ただ、この宴会には、翌日は観客となる一般の人々の参加も許されていたので、むしろ試合の宣伝という意味合いのほうが強かったと思われます。あるいは、どの剣闘士が勝つか賭《か》けをしていた者たちにとっては、剣闘士たちのコンディションを間近で観察する絶好の機会だったことでしょう。

そして試合当日です。その日は朝からパレードがおこなわれます。まずは、午前中の野獣狩りにかかわる者たちや温和《おとな》しい動物たちのパレード。お昼には、処刑される罪人たちのパレードがおこなわれ、そして午後に剣闘士たちのパレードがおこなわれます。円形闘技場まで続く沿道にはたくさんの民衆がつめかけて、楽隊にともなわれながら行進する剣闘士たちに声援をおくり、鞭で追われる罪人たちには罵声《ばせい》をあびせていたことでしょう。

午前中の野獣狩りが終わると、多くの観客は昼食のためにしばし闘技場をあとにしました。この間に罪人の処刑がおこなわれていました。観客のなかには、「夜が明けるとすぐ見物席に降りていき、正午に人々が昼食で退散したあとも座り続けていた」クラウディウス帝のように、弁当を食べながら、処刑ショーを見物していた物好きもいたことでしょう。昼間の罪人の処刑が終わってから日が暮れるまで、時間にして六時間ほどが剣闘士試合に充てられ、一日に一〇組から一三組くらいが対戦（基本は一対一の闘い）するというのが一般的なプログラムでした。

試合開始の前に、剣闘士の武器や装備の点検と模擬戦がおこなわれ、それから剣闘士自身が勇気を示すことを観客に宣言します。また、敗者復活戦がおこなわれることもありましたし、試合終了後には表彰式もおこなわれていたので、こうした時間も考慮にいれると、実際の試合時間は、一勝負につき正味二〇分にも満たなかった計算になります。

映画などで描かれる、どちらかがダウンするまでの命がけの壮絶な闘いばかりをイメージすると、実態を見誤ってしまうことになりそうです（試合での死亡率を二〇パーセントほどと見積もっている研究者もいる）。とくに、試合が何日間にもわたって続く大規模な見世物の場合には、なるべく最後まで剣闘士が生き残るように、甘めの判定が下されていたようなので、目の肥えた闘技場フリークたちにはヤラセとも見える試合も少なくなかったでしょう。ちなみに、アウグストゥス帝は、剣闘士試合においては敗者をすぐに殺すのではなく、必ず命乞《ご》いをさせるよう命じています。

試合主催者が試合開始の合図を出すと、チューバが吹き鳴らされ、剣闘士たちは円形闘技場中央の砂場《アリーナ》（アリーナの語源）に進み出ます。試合のレフェリーは二人つけられていたことが知られています。

剣闘士の闘い方はさまざまで、徒歩で闘う者、馬に乗って闘う者、戦車に乗って闘う者などがいました。武器や装備によって剣闘士の呼び名が決まっていました。左腕の肩から手首までを覆う袖《そで》型の鎧《よろい》をまとい、投網《とあみ》と三叉《みつまた》の槍《やり》で武装した投網闘士、目の部分だけに覗《のぞ》き穴のあいた特徴的な兜《かぶと》をかぶり、長方形の大楯《たて》と直刀で武装した追撃闘士、魚の意匠が付いた兜をかぶり、長方形の大楯と剣で武装した魚兜闘士、羽根飾りと面頬が付いた兜をかぶり、長方形の大楯と剣で武装したサムニウム闘士、方形の小楯と偃月刀《えんげつとう》で武装したトラキア闘士などで、これらを総称して剣闘士といいました。

トラキア闘士は魚兜闘士と、投網闘士は追撃闘士と闘うといった具合に、対戦相手はだいたい決まっていて、そのどちらか一方が絶命すれば、それで試合は終了となりました。しかし、そうはならなかったとき、つまり、どちらか一方が傷を負っただけのとき、あるいは、どちらか一方がギブアップしたときには（指で合図するか、楯を放棄するやり方があった）、闘いは一時ストップされ、レフェリーが試合を終わりとするか否かを判定しました。

そして、レフェリーの判定をうけて、最終的には主催者が試合終了を宣言し、負けた剣闘士の処分を観客に尋ねます。観客がハンカチを振るか、二本の指をまっすぐ突き出せば、そのまま試合終了となり、敗者の命は助けられました。他方、観客が親指を突き出す（あるいは下に向ける）仕草を見せれば、敗者には死が命じられました。敗者はその場でとどめを刺されることもあれば、「剝《は》ぎ取り部屋」と呼ばれている小部屋に運ばれ、そこでとどめを刺されることもありました。

勝者には棕櫚《しゅろ》や月桂樹《げっけいじゅ》の葉で作られた冠が与えられ、さらには貴金属製の槍や首飾り、なかには郊外の土地を褒美として与えられた者もいました。また、勝利した剣闘士が奴隷身分ならば、自由の付与と引退が許されることもありました。

剣闘士に支払われる報酬の上限について、一七七／八年にマルクス＝アウレリウス帝が定めた法があります。それによると、最高ランクの剣闘士に上限一万五〇〇〇セステルティウス、最低ランクの剣闘士に上限一〇〇〇セステルティウスが支払われていたそうです。四〇〇セステルティウスあれば、家族四人が一年間なんとか生き延びることができました。また、このころの葬式代の平均が三〇〇セステルティウス前後だったといいますから、たとえ一〇〇〇セステルティウスの報酬であっても、庶民にとってはかなりの額だったといえるでしょう。

また、同法は、剣闘士試合の費用の上限額を二〇万セステルティウスに制限しています。これだけの費用を一人でまかなうには、相当の資産を必要としたでしょう。ローマには、地方を巡業する有料の剣闘士試合もありましたが、多くは、首都や地方都市の有力者が自分のポケットマネーで開催し、無料で市民たちに提供していたので、入場料を当てにすることはできませんでした。

ローマの支配階層の富の源泉は基本的に土地でしたが、当時の不動産投資で得られる収入は不動産総額の六パーセントほどだったといいますから、二〇万セステルティウスを捻出《ねんしゅつ》するためには、単純に計算しても最低で三〇〇万セステルティウス以上の不動産を所有していなければなりませんでした。元首政期の元老院議員の最低財産資格は一〇〇万セステルティウスでしたが、この資格をぎりぎりで満たしていたような貧乏議員では、剣闘士試合を大々的に開催するのは難しかったといえましょう。

このように、剣闘士試合は、それを主催する者に相当な経済的負担を与えていたのですが、それでも競うかのように大々的に試合を提供する例があとを絶ちませんでした。支配階層にある者は、こんなにみごとな見世物を提供するとは大したものだ、と人々を感心させ続ける必要があったからです。この人にならば、自分たちのことを任せていても大丈夫だ、と人々に納得させておくことが重要だったのです。

これは、皇帝であっても、例外ではありませんでした。自ら多大の出費を負い、娯楽を人々に提供することによって、支配階層は威信を保持し、人々はその支配を納得して受け入れることができたわけです。支配する者と支配される者との間で、このような暗黙の了解が存在していたことを理解すれば、なぜ、皇帝が剣闘士試合を専売特許にしようとしたのか、なぜ、法律が剣闘士試合にかける費用に上限をもうけようとしたのか、という問いも、理解できるのではないでしょうか。

第23章　旅と路

ローマ人の旅

ローマの人々は、さまざまな目的で旅をしていました。

最も広範かつ頻繁に旅をしたのは、やはり商人でした。小麦やワインといった生活必需品、彫像やスパイスといった贅沢品《ぜいたくひん》など、ありとあらゆる商品を船に積んで（陸路は運搬費がかさんだので、できるだけ河川や海が利用されていた）、ローマ帝国内のあちこちを、あるいは国境を越えてはるばると旅していたことでしょう。

小アジアに残るある商人の墓碑には「商用でイタリアへ行くためにギリシアのマレア岬を七二回まわった」という一節があります。この商魂たくましい人物は、ひと夏に平均二回くらいのペースでギリシアとイタリアを往復していたようです。

それから、任地に向かう、あるいは任地から帰ってくる属州総督とその随行員、巡回裁判官、徴税などの国家事業を請け負う組合員、敵地や駐屯地に向かう軍隊のように、公務で旅する人々がいました。あるいは、帝国各地を巡幸したハドリアヌス帝のような皇帝たちの大行列の姿も見ることができたでしょう。

ビジネスや公務だけが旅の目的ではありませんでした。たとえば、健康のために旅をする人々もいました。日本でもそうですが、ローマでも、温泉地に湯治に出かけたり、病気や怪我の治癒《ちゆ》に効くと信じられていた霊験あらたかな聖域や神殿を詣《もう》でる習慣がありました。人々が健康回復を祈って、患部（足や目、内臓など）をかたどった粘土の素焼き像を医神に奉納したものが多数見つかっています。

聖地を詣でる旅には、健康回復のためだけではなく、宗教儀式に参加したり、あるいは宗教的徳を積むための巡礼をおこなう旅などもありました。とくに帝政後期になると、キリスト教徒たちがさかんに聖地巡礼をおこなうようになり、なかには、パウラや小メラニア、エゲリアのように、何年もかけてキリスト教の聖地を巡礼してまわる信仰深い女性たちもいました。

観光旅行ももちろん盛んにおこなわれていました。ローマの元老院議員だった小プリニウスは、紀元二世紀はじめに友人に宛てて書いた手紙のなかでこのように述べています。

私たちは、何かを見たくて旅に出て、海を渡ることもよくありますが、それがもし目の前にあると、目もくれないのです。人間は元来、近くのものに無関心で、遠くのものを希求するように生まれついているためでしょうか。それとも、どんなものでも見たいという好奇心は、見る機会が容易に与えられると冷めてしまうためでしょうか。それとも……いつでも見られるものは、いつだって見られると考えて、先へのばすためでしょうか。

（『書簡集』八・二〇）

小プリニウスのこの鋭い問いかけから察するに、どうやら古代ローマ人もまた私たち現代人と同じように、遠い異国の見所にばかり目がいっていたようです。かくいう私も、クアラルンプールのペトロナスツインタワーの展望台には登ったことがありますが、自宅のベランダから見える新宿都庁の展望台にはまだ登ったことがありません。

ローマ時代の観光地としてとりわけ人気があったのは、ギリシアとエジプトでした。二世紀後半にパウサニアスというギリシア人が著した『ギリシア案内記』というガイドブック一〇巻が残っています。この他にも、ギリシアの記念建造物や美術作品についてのいくつかのガイドブックが存在していたことが知られています。残念ながら、その実物は残っていませんが。

また、エジプトでは、「ローマの平和」の時代にそこを旅した人々が、神殿や神像、スフィンクスや石棺などに旅の記念の落書をラテン語やギリシア語で多数書き残しました。たとえば、中近東出身のアントニヌスという役人はこう記しています。「長い間ローマに住み、ローマの地の驚異を見てきた。そして今、エジプトの地の驚異を見た」と。彼が記したように、目を瞠《みは》るような見世物がしばしば開催されていた首都ローマも、エジプトなどと並ぶ人気の観光地の一つだったようです。

ローマ時代の旅行者が観光地で体験したことは、こんにち私たちが体験することとあまり違わなかったようです。強引で口のうまい土産物売り兼ガイドが旅行者を待ちかまえていました。二世紀のルキアノスの諷刺劇《ふうし》の登場人物はこう述べています。

私はディオニュソス神の聖域の柱廊を歩き、絵を一枚一枚眺めていました。……するとすぐに、数人の人々が私のほうに走ってきて、安い値段でそれらの絵のすべてを教えてくれました。（『愛』八）

二世紀はじめの文人プルタルコスもこう述べています。昔も今も同じような光景を観光地に見ることができたようです。

ガイドたちはいつものように長々と説明を続けた。私たちがどんなに、もっと短くして……省略してくれと頼んでも、耳を傾けようとしなかった。（『モラリア』三九五ａ）

ショッピングもまた観光の目玉の一つでした。

ギリシア旅行ではフェイディアス作のアテナ女神像の小さな複製、小アジアのエフェソス旅行ではアルテミス神殿（世界の七不思議の一つ）の銀製の模型、アレクサンドリア旅行ではパピルス製の紙、ビュザンティオン（現イスタンブル）では塩漬けの魚といった具合に、さまざまな特産物が土産として持ち帰られていたようです。

一世紀後半の諷刺詩人マルティアリスは、ローマのかつての民会用投票場で、今は高級ショッピング街となっているサエプタ・ユリアで、土産物探しに奔走する観光客の姿を描写しています。

この観光客はまず、少年奴隷売場の前でしばし立ち止まり、次に家具売場で、「鼈甲《べっこう》張りの六人用の臥台の寸法を四回も計ったあげく」諦《あきら》めて、それから今度は骨董《こっとう》品売場で、本物か偽物か、傷がないか等々をしつこく検分し、最後は宝飾品売場で、エメラルドや真珠の鑑定を頼み、値切り交渉を始めます。そうこうするうちに日も暮れてしまい、結局この観光客は汗だくになりながら「安物の盃を二つ」買っただけで帰ることになりました(『エピグランマタ』九・五九)。なんだか、自分のことを笑われているような気分です。

ローマの路

「みち」といっても、いわゆる「ローマの道」の話ではありません。ローマの道はあまりにも有名なので、ここでは少し目先を変えて、街路の話をしたいと思います。

さて、こういう情況を想像してみてください。属州の田舎から首都ローマに見世物見物に来た観光客がいたとします。剣闘士試合ならば円形闘技場で、戦車競走ならば大競技場で開催されますから、路ですれちがった人に場所を尋ねれば、なんとかそこまでたどり着けたでしょう。しかし、泊まる宿を探すとき、あるいは宿を提供してくれる親戚《しんせき》や友人の家を探すときは、どうだったでしょうか。

コロッセウムやマルケッルス劇場のように有名な公共建造物であれば、地元の人は知っていたでしょう。けれども、まったく無名の一市民の家となると、たとえ地元民であってもわからないというのが現実だったでしょう。

なぜこのようなことを問題にするのかといえば、実はローマでは、何丁目何番地といったような住所表記が存在しなかったからなのです。

こんにち古代都市ポンペイの市街地は、いくつかの地区（Regio《レギオ》）に分けられ、さらに一つの地区がいくつかの街区（Insula《インスラ》）に分けられて、街区内の家（Casa《カーサ》）にはそれぞれ番号が付されています。したがって、ポンペイを見てまわる観光客は、地図と住所表記を頼りにして、お目当ての家を探し出すことができます。

また、こんにちのローマの街ならば、ほんとうに小さい通りでも名前がついていますから、街路名つきの地図さえあれば、たいがいの場所を探し当てることができます。しかし、ポンペイの住所表記は近代になってから付されたもので、古代にはなかったものです。また、現代のローマの街の通りの名も古代には存在しませんでした。

人口の少ない村や田園地帯の一軒家ならば、迷子になる心配もなかったでしょう。けれども、ローマのような大都市となると話はちがってきます。七三年にウェスパシアヌス帝とティトゥス帝によって実施された調査によれば、首都ローマの街路の総距離数は六万パッスス、つまり約八九キロメートルにも及んでいたといいます。これほどの距離の街路が迷路のように入り組んで存在していたにもかかわらず、正確な住所表記の習慣がなかったのです。当時のローマの人々は一体どのようにして目的の場所を探し当てていたのでしょうか。

当時のローマの人々が、街の中のある場所をどのように表記していたのかについては、いくつかの史料が手がかりを与えてくれます。たとえば、逃亡癖のある奴隷の首につけられていた首輪には青銅板が下げられていて、そこには次のような文字が刻まれていました。

私は逃亡したので、私を捕まえて、アウェンティヌス丘の《黄金の旗》近くのアプロニアヌス＝パラティヌスの元へ私を戻してください。（『ラテン碑文集成』一五・七一八二）

アウェンティヌス丘は首都ローマの市街地南西部にあった丘で、そこには黄金の旗(Mappa《マッパ》 Aurea《アウレア》)と呼ばれる地域があって、この逃亡奴隷の所有主であるアプロニアヌス＝パラティヌスはその近くに住んでいたことがわかります。また、別の首輪にも似たような文面を見ることができます。

私は逃亡したので、私を捕まえて、フロラ女神の神殿近くの《床屋通り》まで私を戻してください。（同一五・七一七二）

花の女神フロラの神殿は、ローマ市街地の中心部にあったカピトリヌス丘の近くにありましたが、そのあたりに床屋通り（Tonsores《トンソレス》）と呼ばれた地域があったことが、この首輪からわかります。

　このように、ローマの街には、特定の地域を指す名前がいくつか存在していました。たとえば、アフリカの頭（Caput Africae《カプト アフリカエ》）、白い雌鶏《めんどり》（Gallinae albae《ガッリナエ アルバエ》）、姉妹たちの梁《はり》（Tigillum sororium《ティギッルム ソロリウム》）といった具合です。また、通りの名前もいくつかはありました。たとえば、聖なる路（Via Sacra《ウィア サクラ》）、新しい路（Via Nova《ウィア ノウァ》）、広い路（Via Lata《ウィア ラタ》）などがそうです。

　しかし、大半の街路には特定の名前がありませんでした。このため、たとえば「カリナエ地区に至る路」というふうに、特定の名前ではなく、説明的な表現で呼ばれていました（カリナエ地区はローマ市街地の東部のエスクィリヌス丘のあたり）。また、街路といっても、非常に長い距離の路もあったので、ただ通りの名前を言われただけでは、場所の見当もつきません。そこで、さらに説明する必要がありました。「《新しい路》沿いの、ウォルピア神域の近く」とか、「《聖なる路》沿いの、ウェリア丘の麓《ふもと》、ウィカ・ポタ神の神殿が建つあたり」といった具合です。

　ローマ人の住所表記はこのような感じでした。つまり、「どこそこの近く」という曖昧《あいまい》な表記にとどまったので、地元民ではない余所者《よそもの》には不親切きわまりないものでした。このような情況では、旅人たちも困ったでしょうが、もっと困ったのは郵便配達人だったでしょう。

　当時は電話も電子メールもなかったので、離れて暮らす身内や友人の消息を知るには、直接訪ねていくか、あるいは手紙しか方法はありませんでした。そういう意味では、手紙とそれを配達してくれる人は、こんにち以上に重要な存在でした。

周知のように、アウグストゥス帝は、ローマの幹線道路（いわゆるローマの道）の要所に宿泊施設と乗り継ぎ用の馬を備えた公共郵便制度を本格的にローマに導入しましたが（一日に、平均して八〇キロメートル、最速で二四〇キロメートルを走破できた）、これは原則として公務にのみ使用が許されていました。元老院議員などは私信を公共の郵便袋に忍ばせることもできましたが、一般庶民はといえば、共同で飛脚を雇うか、あるいは、（こちらが一般的だったが）手紙の宛先へと旅する人（旅行者や商人など）に託すか、でした。

二世紀のあるギリシア人は、「（北アフリカの）キュレネからあなたの家の方に向かう旅人がいたので、私はその人に頼んで、私が無事に元気でいることをあなたに伝えなければならないと思いました」と手紙のなかで書いています（『ミシガン・パピルス』八・四九〇）。また、キケロのような要人も、ときにはこのような方法で手紙を託さなければなりませんでした。彼はイタリアへ戻る旅の途中で、召使いに毎日港へ行くよう命じました。なぜなら、「港では、手紙を預けることのできる人、そして、返事をこちらに届けてくれる人」をいくらでも見つけることができたからです（『友人宛の書簡』一六・五・二）。

しかし、飛脚であれ旅人であれ、一私人の家を探し当てて手紙を届けるというのは、けっこう骨の折れる仕事だったことでしょう。正確な住所表記の習慣がなかったのですから。

このように考えると、なぜローマ人が数字で正確に住所表記することを学ばなかったのか、不思議でなりません。それとも、「どこそこの近く」という宛名でも、さほどの不便は生じなかったのでしょうか。

現代の大都会では、マンションの隣人とすら会話したことがないというのが常態化していますが、このようなコミュニケーション不在の世界では、正確な住所表記なくしては、郵便配達は不可能でしょう。しかし、もっと濃密な人間関係が存在している世界、お節介と親切の区別がつけられないほどに人なつこい隣人たちが暮らしている社会では、「どこそこの近く」という大らかな住所表記でも事足ります。古代ローマはそのような世界だったのかもしれません。道を尋ねると、とにかく親切に、しかも自信ありげに間違った方向を教えてくれる現代のイタリアっ子に、往時のローマ人の姿が垣間《かいま》見えるような気がしてなりません。

第24章　医　療

民間療法

紀元一世紀半ばの大プリニウスによれば、医療を生業《なりわい》とするローマ最初の医者は、前二一九年にペロポネソスから移住してきたアルカガトゥスという外科医だったそうです。ローマ市民権と診療所を公費で与えられたアルカガトゥスは当初は驚くほど評判がよかったのですが、その荒々しい治療ゆえに、のちには「死刑執行人」という渾名《あだな》をつけられ、やがて医者という職業そのものが嫌悪の的になったそうです。

こうした嫌悪の声を代弁したのが、アルカガトゥスと同時代の大カトーでした。ギリシアの奴らは「彼らの医術ですべての外国人を殺戮《さつりく》しようと共謀する。しかも……そういうことをやるにも報酬を取る」手に負えない輩《やから》だ、と大カトーは断じ、自分の息子にこう命じています。「私はお前が医者どもとかかわりあいを持つことを禁ずる」と（『博物誌』二九・一四）。

大プリニウスによれば、医者がローマに現れるまでの六〇〇年以上、ローマ人は薬だけで（つまり医者なしで）やってきたそうです。つまり、家父長が薬（とりわけ薬草）に関する知識を駆使して、家の者の健康を維持していたのです。

事実、大カトーは、家の者を治療した処方の覚え書きを所有していたそうで、『博物誌』で列挙されている薬に関する膨大な知識は、大カトーの覚え書きの内容を「病気ごとに排列し直している」にすぎない、と大プリニウスは白状しています（同二九・一五）。

ローマでは、薬の販売に関する規制はほとんどありませんでした。薬を買うときに処方《しょほう》箋《せん》が求められることはありませんでしたし、売るときも認可を要したわけではありませんでした。

薬を販売していた小売商はさまざまな名称（unguentarii《ウングエンタリイ》、aromatarii《アロマタリイ》、turarii《トウラリイ》、pigmentarii《ピグメンタリイ》、seplasarii《セプラサリイ》）で呼ばれていますが、これらはいずれも香料とかかわりのある言葉です。香料店では、香りのよいハーブやスパイス、芳香を発する鉱物などを扱っていたので、そのうち薬効のある商品を薬としても販売するようになったのでしょう。

大プリニウスは、薬の原料として植物の根や葉、動物の脂、蜂蜜《はちみつ》、ヴィネガー、パン、鉱物など、さまざまなものを列挙し、その効能を説いていますが、それらのなかでも最も効能があるとされているのがラセルピキウムという北アフリカ原産の植物で、大プリニウスはこのラセルピキウムのことを「最も貴重な自然の賜物《たまもの》」と称讃しています。

このラセルピキウムの根から搾った汁は、病中病後の滋養強壮、消化不良、循環器系の疾患、婦人病、痛風、喘息《ぜんそく》、水腫《すいしゅ》、てんかん、ヒステリー、肋膜炎《ろくまくえん》に効果があり、毒蛇やサソリの毒を消し、羊や山羊《やぎ》を落ち着かせ眠らせる効果もあったそうです。このためローマではラセルピキウムが非常に珍重され、前九三年には執政官《コンスル》のガイウス＝ウァレリウスとマルクス＝ヘレンニウスが三〇ローマン・ポンドのラセルピキウムを、前四九年にはカエサルが一五〇〇ローマン・ポンドのラセルピキウムを、私費ではなく国費で輸入したほどでした。三〇ローマン・ポンドはわずか九・七二キログラムですが、ラセルピキウムはそれと同じ重さの銀で取引されるほど高価であり、また、ネロ帝の時代には絶滅しかけていたほど稀少《きしよう》な存在だったようです。

ラセルピキウムはいわばローマにおける万能薬だったわけですが、この何にでも効くというのが実は曲者《くせもの》です。万能信仰はときとして、効き目がないのに人々を満足させてしまうからです。「痛みに効くよ」と言われて、医者から渡された食塩水を飲んだら、薬理作用は本来ないはずなのに、実際に痛みがひくことがあるそうです。医学用語ではこれをプラシーボ効果（「私は喜ばせるだろう」という意味のラテン語の動詞 placebo《プラケボ》 に由来）といいますが、ラセルピキウムが万能薬とされた背景にも同様の効果があったからかもしれません。

プラシーボ効果が良い結果につながればよいのですが、必ずしもそうとは限りません。とりわけ、医術と呪術との明確な線引きを知らないような民間療法などでは、治療効果よりも副作用のほうが心配されます。そして実際のところ、古代ローマの医療もそのレベルにありました。

たとえば、「ローとアルファという二つのギリシア文字を書いた一枚の紙を糸で結んで首に巻きつける」、もしくは、「生きた一匹の蝿をリンネルの袋に入れて」身につけておけば、眼病に罹《かか》らないと信じられていました（『博物誌』二八・二九）。また、六九年に一年間だけ皇帝となったウィテッリウスの父ルキウス＝ウィテッリウスは、惚《ほ》れ込んだ女解放奴隷の「唾液《だえき》に蜜《みつ》を混ぜて……毎日、それを喉《のど》や気管の患部の治療に用いた」そうです（スエトニウス「ウィテッリウス伝」二）。

　こうした情況では、万能薬に神秘的な力があると信じられるようになるまでに、それほどの時間を要しませんでした。ラセルピキウムには蛇の姿（毒ではなく姿！）を消す力があるとまで言われるようになったのです。

　大カトーは、こうした怪しげな薬を、口上おもしろく売り歩く行商人（pharmacopola《ファルマコポラ》）の姿に眉《まゆ》を顰《ひそ》め、こう言い放っています。

　あらゆる人々が薬売りの口上に聞き入っていたが、本物の病人のなかで、自分の命をそれに託そうとする者は誰一人としていなかった。

（ゲッリウス『アッティカの夜』一・一五・九）

　このような薬の行商人を、大カトーは冷めた目で見ています。そして、自分以外の者もそういう目で見ていると言いきっていますが、神秘な万能薬の存在が信じられていたような世界で、誰もが大カトーであったとは思えません。おそらく、当時の庶民の多くは、蝦《が》蟇《ま》の油売りと越中《えっちゅう》富山の薬売りの区別をつけることもできなかったでしょう。

医者

大プリニウスを信じるならば、医療を生業とする医者の姿がローマで見られるようになったのは前二世紀ころと遅かったのですが、共和政末期ころまでにはその数も徐々に増え、帝政期になると至る処で医者の存在を確認できます。裕福な家や郊外の農場にはたいてい、医学の知識をもつ奴隷がいました。また、軍隊の軍医をはじめとして、剣闘士養成所、体育訓練場、劇団、職人組合といったような大きな組織が専属の医者を抱えていた事例も知られています。

古代医学を集大成した二世紀後半のガレノスも剣闘士の医師をつとめた経験を持っています。ガレノスという名は「穏やかな人」という意味ですが、実際は血の気の多い人だったようで、剣闘士のような猛者《もさ》相手の治療には適任だったのかもしれません。

ガレノスはその後、マルクス＝アウレリウス帝専属の医師となりました。三世紀前半のアレクサンデル＝セウェルス帝時代には、このような皇帝お抱えの医師に御殿医(Medicus《メディクス》 Palatinus《パラティヌス》)という肩書が与えられ、医師の権威と公益性が確立します。かくして、四世紀になると、ローマ市内の一四の地区に公共医師(archiatra《アルキアトラ》)がそれぞれ置かれ、街区民の治療にあたるような体制が整えられました。

帝政期になると、専門分野の細分化も見られるようになります。内科医、外科医、産婦人科医はもちろんのこと、熱や咳《せき》、骨の専門家もいました。一世紀後半のマルティアリスの寸鉄詩にもそうした専門医たち（歯、目、形成外科、ヘルニアの専門医）が登場します。

カスケッリウスは悪い歯を抜いたり、はめたりし、ヒュギエヌスよ、君は、目を脅かす毛を灼《や》いている。ファンニウスはだらりと垂れた喉彦《のどひこ》を切らずになおし、エロスは奴隷の暗い烙印《らくいん》を消す。ヘルメスはヘルニアの名医ポダレイリオス（医神アスクレピオスの息子）と言われている。（『エピグランマタ』一〇・五六）

また、マルティアリスと同時代の大プリニウスは、三九年の執政官ルキウス＝アプロニウス＝カエシアヌスの「息子は手術によって脂肪を除いてもらい、自分のからだを、もてあましていた重みから救った」（『博物誌』一一・二一三）と伝えており、美容外科の技術もかなり発達していたようです。

さらには、二世紀に活躍した医師ソラノスとガレノスは、癌（とくに乳癌）の手術もおこなっていました。

そもそも、癌を意味する英語の cancer《キャンサー》は、蟹《かに》を意味するラテン語の cancer《カンケル》、ギリシア語の karkinos《カルキノス》に由来しています。七世紀のビザンツの医師パウロス＝アイギネテスは、ガレノスによる癌切除法と焼灼《しょうしゃく》止血法を紹介しながら、癌の症状や発生部位について説明し、この病は「細脈をもっていて、蟹（karkinos《カルキノス》）の脚のようにその細脈を周囲のあちこちに延ばしていくので、それから名前を得ている」と病名の由来を説明しています（『医学概論七巻』六・四五）。

現代の医学のレベルからはまだほど遠い段階にあったので、癌といっても、目で見てあるいは手で触ってわかる範囲の癌に限られていましたし、手術の成功率もおそらく低かったでしょうが、すでにローマ帝国の時代から人類は癌の脅威と戦っていたわけです。

発掘によってさまざまな医療器具も発見されています。外科用のハサミやメス、ピンセット、抜歯用の鉗子《かんし》、骨を挟んで固定しておくための鉗子、眼球内の治療に用いられた針、肛門《こうもん》や子宮の拡張器具、カテーテル、吸角（皮膚に吸着させて悪い血や膿《うみ》を吸い出す器具）などで、たいていは青銅製でした。

これら医療関連の遺物のなかで興味深いのが、眼科医が使用していた石製の印鑑です。この印鑑には、薬の名称や用法（たとえば「結膜炎（lippitudo《リッピトウド》）による炎症のあとに」「痛みが激しいときに」「予防のために」といった具合）を記した短文が彫り込まれており、ミルラ（没薬《もつやく》）やサフランなどの薬草、ミネラルの粉などを練ったスティック状の目薬が固まる寸前の柔らかい表面に、この印鑑を捺《お》していたようです。こうすることで、目薬の表面には簡単な処方箋が刻印され、患者が誤って薬を使用してしまうのを避けることができたでしょう（こうした資料は、庶民の識字率の問題――注意書きを庶民も読むことができた――に光を当ててくれる）。

この印鑑には医者の名前も刻印されていたので、目薬自体が、処方箋の役目だけでなく、宣伝チラシと同じ役目も果たしていました。このようにして、少しでも多くの患者を集めようとしていたのでしょう。そして実際、医者は古代ローマにおいても儲《もう》かる職業だったようです。

大プリニウスは「医術よりも儲けの多い技術はない」と断じて（『博物誌』二九・一二）、大金持ちになった医者の例を列挙しています。なかでも、クラウディウス帝時代に没したアルンティウスという医師は何と三〇〇万セステルティウスもの遺産を残したといいます。また、大プリニウスと同時代の医師クリナスは、「医術と他の技術を結びつけ、天文学者の暦を用い、星の運行によって患者の特別食を規制」して人気を得、一〇〇〇万セステルティウスの財産を遺《のこ》したそうです（同二九・九）。

医者との付き合いを息子に禁じるほど、医者を毛嫌いし軽蔑《けいべつ》していた大カトーでしたが、こうしたアレルギー反応は帝政時代においても消えませんでした。大プリニウスも同様の嫌悪感を隠しません。まずは、仁術を忘れて儲けに走る医者に批判の矛先が向かいます。

我々の先祖たちが忌み嫌ったのは、医薬ではなく医者という商売だった。自分たちの命を救ってくれるからといって、暴利を貪《むさぼ》る者たちにむざむざ報酬を支払うことに納得できなかったことが一番の理由だったのである。（同二九・一六）

大プリニウスの筆はさらに熱を帯びて、医者批判を続けます。

何たることぞ、医者という職業は。誰かが自分は医者だと公言すれば直ちに信用される唯一の職業なのだ。それが詐《いつわ》りだとすれば、これくらい危険なことはないのに。……それだけでなく、犯罪的無知を罰する法律もないし、報復しようという提案もされない。医者たちは、我々の生命の犠牲において実験をおこない、我々の危険を材料にしてその知識を得るのだ。まったく咎《とが》められずに人殺しができるのは医者だけである。それどころか、下手人ではなく、やられた方が責められる。彼が節制を守らなかったのが悪いとされる。そして、実際に叱責《しっせき》されるのは死んだ人間だ。（同二九・一七〜一八）

大プリニウスの主張は、言い過ぎの部分もありますが、当たっている部分もあります。帝国の西部では帝政末期になるまで医学校（auditoria《アウディトリア》）はありませんでしたし、また、すべての時代を通して資格試験も医師免許もありませんでした（前述の公共医師に限って、その技能評価がおこなわれていた）。まさに大プリニウスが言うように、自分は医者だと公言すれば、その人は医者だったので、まったくもって「これくらい危険なことはない」状態が許されていたのでした。

むろん、だからといって、ローマの医者がみな偽医者や藪《やぶ》医者だったわけではありません。帝国東部にはギリシアの伝統を継ぐ医学校が古くからあったので、そこへ留学することもできましたし、また、帝国西部でも開業医のもとで学ぶことができました。そうした臨床実習の様子をマルティアリスは、自分のかかりつけの医者シュンマクスをからかいながら、描いています。

私はぐったりしていただけなのだ。ところが、シュンマクスよ、お前はさっそく百人の弟子を連れて往診にやってきた。北風に凍りついた百の手が私に触ったのだ。シュンマクスよ、私は熱はなかったのだが、いまじゃ熱がある。（『エピグランマタ』五・九）

大カトーが医者とギリシア人を同一視しているように、医者の多くが東方ギリシア語圏出身の奴隷や元奴隷たちでした。このこともあって、医者は当初、毛嫌いされ軽蔑され、そしてその後も長らくローマでは、社会的に低い地位におかれていました。

しかし、前四六年にカエサルが医療従事者にローマ市民権を与える措置をとったことからもわかるように、共和政末期ころから徐々にその地位も改善され、帝政後期になると御殿医に公的負担の免除特権が与えられるまでになっています。が、その反面、医者という職業に対する偏見や嫌悪感も根強く残っていたため、ときおりそれが表面化して、外国人追放の処置が断行されたときには、哲学者とならんで医者も一緒に追放されることがありました。

面白いのは、帝政期の医者たちのなかに、ギリシア風を売りにする者もいたということです。「もし医学上の論文がギリシア語以外の言葉で書かれると、ギリシア語を知らない無学な人々の間でさえ威信をもたない」と大プリニウスが指摘しているように（『博物誌』二九・一七）、ことさらギリシア語を用いて、医学の本場ギリシアという名声をうまく商売につなげる医者もいました。少し前の日本でも――理由や背景は異なりますが――医者がドイツ語でカルテを書いていた記憶が思い出されます。

自分の腕前を自画自賛する宣伝文句に、basilikon《バシリコン》（王のごとき）とかisotheon《イソテオン》（神のごとき）といったような大仰な形容を、しかもギリシア語で書いている医者の皆がみな、ギリシア人だったとは思えません。教師や医師をはじめとして、都ローマで知的職業に就く者は、その多くがギリシア出身の奴隷または元奴隷で、それゆえ、ギリシア出身者やギリシア語風の名前を持つ者はときに低い身分の者と見なされ、また、ときには追放の憂き目にも遭っていましたが、にもかかわらず、医療の現場においてはギリシアとかかわりをもつことがきわめて重要だったため、ローマで生計をたてていた医者たちは、自らの権威の源泉を遠い地のギリシアに求めていた（求めざるを得なかった）のです。

第25章 迷信

幽霊と妖怪

紀元前一世紀前半の哲学者ルクレティウスは、幽霊や妖怪《ようかい》の正体なるものを、哲学者らしく理性的に説明しています。

かれ曰《いわ》く、空中には「あたかも蜘蛛《くも》の糸か金箔《きんぱく》のようにつながるほど稀薄《きはく》な像」が彷徨《さまよ》っており、それが人の身体の「孔《あな》を通って入ってゆき、精神の稀薄な本性」を動かすことによって、人は「(半人半馬の)ケンタウロスや(六つの頭と一二本の足をもつ)スキュッラの身体を見、(三つの頭と竜の尾をもつ)ケルベロスの犬面を見、死んですでにその骨を大地に抱かれている人々の像(＝幽霊)を見るのである」(『事物の本性について』四・七二三〜七三四)。要するに、空中には、稀薄な残像のようなものがさまざま漂っていて、人間の残像と馬の残像がたまたま出くわしたときにそれらがくっついて、半人半馬の化け物が見えてしまう、というのです。

ルクレティウスは学者の理を説いて、不合理な恐怖心を斥《しりぞ》けようとがんばっていますが、一般庶民にはあまり通じていなかったようです。いえ、一般庶民ばかりでなく、上層の知識人のなかにも、怪談を笑い飛ばせない人は少なからずいたようです。

前一世紀後半の詩人ホラティウスは、そんな友人のことを「貴方《あなた》は……夢や魔術の恐怖やら、奇跡や、巫女《みこ》や、夜に出るあの化け物や、テッサリアの妖怪などを笑えますか」（『書簡詩』二・二・二〇七〜二一〇）と皮肉っています。

トラヤヌス帝の重臣ルキウス＝リキニウス＝スラに宛てた二世紀はじめの手紙のなかで、小プリニウスは三つの幽霊話を紹介しながら、この世に幽霊（phantasmata《ファンタスマタ》）がいるかどうか是非とも意見を聞きたい、と大まじめに問うています（同七・二七）。

彼が紹介している幽霊話の一つ目はこうです。クルティウス＝ルフスという人物がアフリカのとある列柱廊を散歩していると、突然、人間よりも大きな美しい女が現れて、女神アフリカだと名のり、ルフスに予言をしました。「お前はローマに行き、名誉ある地位につく。そして、この同じ属州に最高の命令権すら持って帰ってくる。そして、この地で死ぬ」と。予言は的中し、ルフスは総督として再びアフリカに戻り、そこで病死したそうです。

二つ目は、哲学者のアテノドロスが、そこに住むと恐ろしさのあまり死ぬと噂されていたアテナイの幽霊屋敷で体験したことです。

ある夜、彼が書き物をしていると、どこからともなく鎖を引きずるような音が聞こえ、徐々にその音が近づいてきました。アテノドロスがふり返ると、そこには老人の幽霊がいて、話しかけるようにアテノドロスを誘ったので、あとをついて行くと、その幽霊は屋敷の中庭でフッと姿を消したそうです。

翌朝、アテノドロスが、幽霊が消えた場所を掘り返させると、鎖で縛《いまし》められた人骨が発見されました。そこで、骨を懇《ねんご》ろに埋葬してやると、幽霊はもう現れなくなったそうです。

三話目は、他ならぬ小プリニウスの少年奴隷が体験したことです。ある夜、少年奴隷たちが眠る小姓部屋に、白装束の二人連れの男が窓からスゥーッと入ってきて、眠っていた少年奴隷の頭をカミソリで剃《そ》って、また立ち去っていったそうです。

最初のルフスの話は相当に有名だったらしく、小プリニウスと同時代の歴史家タキトゥスもこのエピソードを記録しています。また、小プリニウスはアテノドロスの話を、「保証してくれた人の言う通り信じています」と述べ、少年奴隷の話も「本当であると……他の人に保証できます」と言い切り、「この問題は、あなたがどんなに時間をかけても熟考する」に相応《ふさわ》しい、と手紙を締めくくっています。

妖怪ものの話も少なくありません。前一世紀後半のウェルギリウスの詩には狼男が登場します。モレイスというポントス出身の男は、毒草の力を借りてしばしば狼に変身し、墓の中から死者の霊を召喚したり、呪文《じゅもん》を唱えて畑を荒らしたりしたそうです（『農耕詩』八・九七）。

一世紀半ばの大プリニウスの『博物誌』は、当代随一の学者が書いたものではありますが、その一部は、帝国各地で目撃された妖怪もののけのカタログの観を呈しています。興味深いのは、もしも不滅の魂とか幽霊が存在するならば、「無数の時代の魂や幽霊はどんなにおびただしい数にのぼるだろうか。こういうことは子供くさいばかげた空想」であると断じて、幽霊の存在は否定しているのですが（『博物誌』七・一八九）、その一方で、スペインのガデス湾では海坊主（marinus《マリヌス》 homo《ホモ》）が船に這《は》い上がってきて、その重みで船を沈めてしまうという目撃証言を、他ならぬ大プリニウスが真実であると認めている点です（同九・一〇）。

歴史家のタキトゥスも、そうした海の怪物たちが目撃されたと記録しているので、ひろく民間では信じられていた話だったのでしょう。しかし、タキトゥス自身は、「おそらくは恐怖心から見たと思いこんだのだろう」と、健全な懐疑主義者ならではの冷静な判断をくだしています（『年代記』二・二四）。

魔　術

古代ギリシア・ローマ世界で魔女といえば、ギリシア中北部のテッサリアが魔女の聖地として有名ですが、ローマでは、市街地の東に横たわるエスクィリヌス丘が魔女の集会所として知られていました。前一世紀後半の詩人ホラティウスが、魔女カニディア（三世紀初めの古典学者ポルフュリオスによれば、カニディアはナポリの香油売りだった）とその姉のサガナがこの丘で魔術をおこなう様子を詳細に描いています。

カニディアとサガナは、「黒いマントに身をからげ、髪を乱して裸足《はだし》のまま、大声を上げて」エスクィリヌス丘にやってくると、おもむろに青白い顔を見るも凄《すさ》まじい形相にかえて、「爪で地面を掻《か》き回し、黒い子羊を歯で裂いて」ずたずたにし、それから冥界《めいかい》の女神へカテと復讐《ふくしゅう》の女神ティシフォネに祈り始めます。薄気味悪い叫び声が耳をつんざくように響き渡るなか、二人の女が「狼の髭《ひげ》や錦蛇《にしきへび》の歯など」を地中に埋め込むと、蠟《ろう》で作られた人形がメラメラと燃え上がり始めました（『諷刺詩《ふうし》』一・八）。

魔女を指すラテン語の venefica《ウェネフィカ》は、直訳すると「毒薬をつくる者」です。つまり、妖《あや》しげな薬を調合する者は、世間ではなべて魔女（といっても、女性に限られていたわけではない）と信じられていたのです。ホラティウスは、魔女カニディアの秘薬づくりにも言及しています。

「無花果《いちじく》の木をお墓から抜いてちょうだい。葬儀用の糸杉や、蟾《ひきがえる》の血を塗った卵や、梟《ふくろう》の羽根や、ヨコス（テッサリアの町）やヒベリア（中央アジアの町）の強い毒気のある草や、飢えた犬からもぎ取った骨と一緒に、コルキス（古代最大の魔女メディアの故郷）の火に投げ込んでちょうだい」とカニディアが命じると、今度は姉のサガナが、冥界への入り口があると信じられていたナポリ近郊のアウェルヌスから汲《く》んできた水を撒《ま》き始めます。それから、背筋も凍る儀式が始まります。年端もいかない子供を裸にして、首だけ出して土中に埋めるのです。この憐《あわ》れな子は、日に数回、目の前に供される食事をただ眺めながら、飢え死にさせられるのです。そして、仕上げに、「この子供の髄や乾いた肝臓を取り出し」秘薬をつくるのでした（『エポドン』五）。

ホラティウスが描く魔女と魔術はフィクションですが、現実でもこうした魔術がしばしばおこなわれていたことを、歴史家のタキトゥスが報告しています。のちの皇帝ティベリウスの甥《おい》ゲルマニクスが一九年に、シリアのアンティオキアで死の床に伏していたとき、彼の屋敷の徹底調査がおこなわれました。すると、「彼の家の床下や壁の上に、墓穴から掘り出してきた屍《しかばね》の手足、呪文や呪詛《じゅそ》、鉛板に刻まれたゲルマニクスの名前、膿汁《のうじゅう》のついた半焼きの遺骸《いがい》など、冥界の神々に魂を捧《ささ》げたと信じられている魔法使いのしわざが、あいついで発見された」といいます（『年代記』二・六九）。

また、帝国の各地で多数の呪詛文書が見つかっています。憎い相手や恋しい相手の名前を鉛の板に刻み、それを人目につかない場所（墓地、神殿、古井戸の中など）に隠し、復讐や恋愛などの成就を冥界の神々に祈る魔術で、defixiones《デフィクシオネス》（呪縛という意味）と呼ばれていました。鉛板には、冥界の神々に何をしてほしいかが赤裸々に綴《つづ》られ、意味不明の呪文が添えられていたりします。たとえば、こうです。

冥界の神々よ。プルトン、コレ・ペルセフォネ、……冥界のヘルメス・トトよ。……私はあなた方にこの呪縛を託します。……オリゲネスの娘でアイアスが生んだプトレマイスが、アレアが生んだ私サラパンモン以外の男を……喜ばせることのないように。アレアが生んだ私サラパンモンから離れて彼女が食べたり飲んだり、楽しんだり眠ったりできないように。……オリゲネスの娘でアイアスが生んだプトレマイスが、アレアが生んだ私サラパンモンを拒否しなくなるまで、……彼女の髪と内臓を引き裂くよう、呪縛したまえ……。
（『ギリシア碑文補遺集』二六・一七一七）

狙った人物に呪いがうまくかかるよう、両親の名前がくどくどと書かれているところが、より生々しさを醸し出しています。また、この呪詛文書（三〜四世紀にエジプトで書かれたもの）と一緒に、無数の針が突き刺された粘土製の人形も発見されました。呪う相手に苦痛を与えるために、念の入った儀式がおこなわれたようです。日本風にいえば呪いの藁《わら》人形でしょうか。ちなみに魔女カニディアは毛髪製の人形と蠟製の人形を使っています。

呪詛文書とともに見つかった呪いの人形（9センチメートル）。呪いがかかるよう針が刺されている。

　こうした呪詛文書の書き手をみると、夫や妻、商売人や官吏、料理人、俳優、兵士、運動選手、裁判で負けた者など実にさまざまです。文法のいい加減な文章が目立つことから、呪詛文書はあまり教養のない庶民たちの憂さ晴らしの手段であったと考えられがちですが、しかし、教養人が魔術と無関係だったかというと、必ずしもそうではありません。カルタゴの著名な哲学者でありアフリカ属州神官職もつとめたアプレイウスがそのいい例で、彼は実際に魔術を使用した嫌疑で裁判にかけられています。

　告発理由はこうです。彼は、魔術をおこなうために、魚を一尾購入し、鳥を焼き、鏡を使用した。「聖なる物」を亜麻布にくるんで家の祭壇に保管し、珍木でつくった像を所有している。そして、金持ちの未亡人を誘惑するために愛の呪文を使用したというのです。アプレイウスは、訴えられた件については無罪を主張していますが、しかし、興味深いことに、魔術の存在自体は否定していません。こうした事例からもわかるように、魔術というものは、身分や職業、性別などにかかわりなく、ローマ社会に広く深く根を下ろしていたといってよいでしょう。

前　兆

　ローマ人というのは自分たちに都合よく考えるのが得意な人々で、神々ですら、鳥の鳴き声や夢や雷といったような、人間の目に見える・耳に聞こえる形で吉凶を自分たちに報《しら》せてくれると信じていました。吉凶占いや夢占いがローマで古くから流行していた背景には、そうした神観念や宗教感情があったのでしょう。

何か重大なことが起きるときには必ずその前触れがあるとローマ人は信じていたので、歴史的な事件の過程を記録し説明することを本務とする歴史家の記述には、必ずといっていいほど前兆の話がでてきます。たとえば、リウィウスによれば、ハンニバルがイタリアに侵入した前二一八年には、生後六ヶ月の赤ん坊がいきなり「勝利！」と叫び、一頭の牛が自力で建物の三階まで登って飛び降り、空には幽霊船が出現し、希望の女神スペスの神殿が落雷で崩壊し、その他にも、屠《ほふ》られて死んでいるはずの獣が立ち上がったり、小石の雨が降ったりするなど、さまざまな凶兆がイタリア各地で目撃されたそうです。

歴史を語る際にこうした怪異現象に言及したのはリウィウスだけではありません。たとえば、『ローマ皇帝伝』を記したスエトニウスは、アウグストゥス帝の頭上で舞っていた鷲が、神殿に掲げてあった碑文のAの文字のうえに止まり、それからほどなく、雷がアウグストゥスの像におち、Caesar のCの文字を溶かしたという出来事を記して、「アウグストゥスの死もまた不思議な現象によって、誰の目にも紛《まが》う方なく明白に予知された」と断言しています。あるいは、カリグラ帝が暗殺される直前には、彼がギリシアのオリュンピアから運ばせようとしていたゼウスの神像が、突然呵々《かか》大笑したといいます。

こうした前兆は、神々が人間界に送ってよこす神意に他ならない（とローマ人は信じていた）ので、信仰心の篤《あつ》い人間ほど迷信深くならざるを得ませんでした。このため、日常生活の場においても、吉凶を気にした縁起担ぎが蔓延《まんえん》していました。

博物学者の大プリニウスは、一般大衆はなぜにあれほど迷信的なのかと首を傾げながら（彼自身、海坊主の存在を信じていたが）、ローマ人の迷信的な風習を列挙しています（『博物誌』二八・五）。長くなりますが、興味深いのでいくつか引用してみましょう。

ローマ人は、なぜ元旦《がんたん》に互いの幸福と繁栄を上機嫌で祈り合うのか、なぜ浄《きよ》め式でめでたい名前の人を選んで犠牲獣を曳《ひ》いてもらうのか、なぜすべての事柄において奇数のほうが強いと信じているのか、なぜくしゃみをする人に向かって「お元気で」というのか、なぜ耳鳴りがすると噂話の種になっていると考えるのか、なぜアフリカでは物事を決めるときに必ず「アフリカ」と言い添えるのか、なぜ食卓の用意ができたとき自分の指輪を抜き取るのか、なぜ悩みを鎮めるために耳の後ろに唾《つば》を塗りつけるのか、なぜ雷がなると舌打ちするのか、なぜ饗宴《きょうえん》の最中に火事の話が出たら食卓の下に水を注ぐのか、なぜ食卓についていた人が宴席を離れている間に床を掃いてはいけないのか、なぜ饗宴の出席者が偶数のときには沈黙が宴席を襲うと信じているのか、なぜ薬を用いる前に食卓の上に置くと効能がなくなると信じているのか、なぜ市日には沈黙を守りながら人差し指から順に爪を切らねばならないのか、なぜ月の一七日か二九日に髪を切ると抜け毛と頭痛を防ぐと信じているのか。

まだまだありますが、もうこのくらいにしておきましょう。

本章では、ローマの迷信についてお話ししたわけですが、正直なところ、このようなタイトルでよかったのかどうか、かなり迷っています。ルクレティウスは、幽霊や妖怪の存在を哲学的に否定しているわけではなく、その存在を哲学的に説明しているのです。

魔術についても同様のことがいえます。というのも、アプレイウスにとって魔術は、哲学や宗教、天文学や占星術と並んで、神々に接近するための方法だったのであり、決して迷信ではなかったからです。また、ローマ人が前兆というものにあれほど信をおいていたのは、それが神々の意思と密接に関係した現象だったからです。したがって、前兆を信じることは神々の存在を信じることであり、それは、宗教の一部ではあっても、決して迷信ではありませんでした。つまり、幽霊や妖怪、魔術や前兆といったものは、現代の私たちから見れば迷信かもしれませんが、ローマ人にとってはそうではなかったのです。

確かに、凶兆を遠ざけて吉兆を呼び込むために、ローマ人たちが奇妙な縁起担ぎをしていたさまを指して迷信と呼ぶことはできるかもしれませんが、しかしそれをいえば、現代の私たちの何気ないふるまいもそれほど違わないでしょう。

当代きっての哲学者がその存在を認めている幽霊や妖怪を、信じ恐れていたローマの庶民たちと、科学がその存在を証明できていないのに、それでもその存在を信じたがってい る現代人とを比べてみた場合、どちらが迷信的なのでしょうか。あるいは、その存在を証明できなければ、それは存在しないのだとばかりに、頭ごなしに否定する現代の科学者と、「そういうこと（＝縁起担ぎ）については各人が好きなように自分の意見を持たなければならない」と緩やかに結論づける博物学者プリニウスとを比べてみた場合、どちらが迷信的だといえるのでしょうか。そう問われると、私にはにわかには答えられません。

第26章　宗教と暮らし

冠婚葬祭

紀元二世紀はじめの元老院議員であった小プリニウスは、ローマ市民の日常生活について、次のように述べています。

もし誰かに「今日は何をした？」と尋ねたとすると、彼はこう答えるでしょう。「成人式に立ち合った、婚約式や結婚式に出席した、誰某《だれそれ》は私に遺言の署名を、誰某は弁護を、誰某は忠告を要請した」と。このようなことは、それをした当日は必要であったのに、もし来る日も来る日も同じようなことをやっているとわかると、どうでもいいことに思えるのです。（『書簡集』一・九）

知識人特有の衒《てら》いもあってか、小プリニウスは、成人式や結婚式に立ち会うことを「どうでもいいこと」と一応は言っていますが、こうした式典に出席することの必要性は否定していませんし、そして、彼も含めて多くの人々が実際に出席していたことを、この一文は示唆しています。ある家の冠婚葬祭に、親戚《しんせき》として、あるいは友人として出席することは、ローマ市民の義務と観念されていたのです。

ローマの家では、人生の節目を画するさまざまな式典がおこなわれていました。まず、子供が生まれると、家父長の面前で赤ちゃんを床から抱き上げる儀式がおこなわれました。これは、生まれた子を嫡出子として認知し、家の一員として迎え入れる儀式でした。

無事の出産と新たな家族の誕生を祝って、家の戸口には花が飾られ、家の祭壇には奉納物が捧《ささ》げられました。生まれた子が女の子ならば誕生から八日目に、男の子ならば九日目に命名式がおこなわれます。母親と赤ちゃんを浄《きよ》める儀式がおこなわれてから、赤ちゃんの名前が決められました。

二世紀はじめの伝記作家スエトニウスが、のちに皇帝となるネロの命名式の模様を伝えていますが、これには、少なくとも、ネロの伯父《おじ》にあたるカリグラ帝と大叔父《おじ》にあたるクラウディウスが出席しています。

ネロの将来の不幸を告げる明らかな兆候は命名式の日に起こった。（ネロの母）アグリッピナが兄のカリグラに好きな名を赤ん坊につけてほしいと頼むと、カリグラは自分の叔父クラウディウスの、つまり、その後、元首となってネロを養子とした人の顔をじっと見つめながら、「あの人の名をつけるといい」と言った。　（「ネロ伝」六）

日本の成人式にあたるのが、トガ着用式でした。男の子が着るtoga praetexta《トガ プラエテクスタ》（縁飾りの付いたトガという意味）を家の神ラレスに捧げ、男性市民が着る白色のtoga virilis《トガ ウィリリス》（男のトガという意味）をまとう儀式です。家でのトガ着用式が終わると、顔見せの意味を兼ねた行列と供犠式が戸外でおこなわれました。トガ着用式に始まる一連の儀式は朝早くからおこなわれ、親戚や家の友人のみならず、保護者《パトロヌス》も立ち会うことが義務と見なされていました。

日本では二〇歳で成人式をおこないますが、ローマの場合、とりたてて年齢に決まりはなかったようです。共和政期には、トガ着用式のときに、男の子の名前は選挙区名簿に登録されていたので、おそらくは、軍役や選挙といった国家にかかわる活動を始める頃合いに、あるいは婚約や結婚を間近に控えているようなときに、各家の判断でおこなわれていたものと思われます。その状態は帝政期においても変わらず、アウグストゥス帝は一五歳、ティベリウス帝は一四歳、カリグラ帝は一九歳、カラカッラ帝は一三歳でした。

また、トガ着用式は、一般には三月一七日のリベラリア祭（多産豊穣の神リベル・パテルの祭）のときにおこなわれるとされていましたが、日取りについても厳密な決まりはなかったようです。実際、前述の小プリニウスは、毎日のようにどこかの家で成人式がおこなわれていたらしいことを伝えています。

ローマでは、婚姻当事者間の合意さえあれば、結婚式をあげなくても正式の結婚は成り立っていましたが、結婚の事実を身内や友人、隣人などに認知してもらうために、やはり結婚の儀式はひろくおこなわれていたようです。二世紀はじめの諷刺詩人《ふうし》ユウェナリスは、結婚式に至るまでの流れを次のように簡叙しています。

君は、縁談の場を準備し、嫁資契約書を用意し、婚約式を準備した。すでに床屋の親父に髪を梳《と》かせ、女の指に誓いの指輪を与えたことだろう。

（『サトゥラエ』六・二五～二七）

これらの決まり事を済ませて、いよいよ結婚式です。当日は朝早くから、花嫁の家に新郎新婦の親類縁者が集まり、神々への供犠や占い、夫婦の誓いの儀式などが執りおこなわれました。宗教儀式と結婚の誓いの儀式が無事終わると、隣近所の人々も交えた新郎新婦の披露の宴《うたげ》が日が暮れるころまで催され、夕暮れに祝宴がおひらきとなると、今度は嫁入りの行列がおこなわれます。

一行が新郎の実家（あるいは夫婦の新居）に到着すると、花婿が花嫁を抱きかかえ、家の敷居を跨《また》ぎます。それから、再び祝宴がもたれました。ユウェナリスはその様子も描写しています。

式が終わってからも、満腹の連中に夕食やウエディングケーキ（mustacea《ムスタケア》というブドウの焼き菓子）を出したり、めでたい盆にトラヤヌス帝の肖像が刻印された金貨が光を放ち、それを初夜のしるしとして花嫁に贈る……。　　　　（同六・二〇二～二〇五）

葬儀もまた、家族や親戚、友人知人たちが集まる場でした。家族の者が息をひきとると、最も身近な遺族が死者のまぶたを閉じさせ、それから、遺族が死者の名を一斉に叫ぶconclamatio《コンクラマティオ》（共に叫ぶという意味）という儀式をおこないました。その後、遺体は湯灌《ゆかん》され、最も上等な衣服（男性の場合は白いトガ）を着せられて、玄関広間に安置されました。遺体の周囲には、生命のはかなさを象徴する花、ランプや松明《たいまつ》が置かれ、お香が焚《た》かれました。忌中であることを示すために、家の竈《かまど》の火は一時消され、玄関脇には松または糸杉の枝が飾られます。遺族の女性たちは泣き声を絶やさないように、髪の毛をかきむしり、衣服を引き裂き、胸を叩《たた》き、遺族の男性は、黒い羊毛で織られた黒いトガを着用して葬儀に臨みました。悲壮感をだすために、ときに遺族は髪の毛に灰をかぶるなどのパフォーマンスもおこなっていたようです。

葬儀のクライマックスは、昼間におこなわれる葬送行列と追悼演説でした。葬送行列には、笛吹きや踊り子、故人や祖先の顔をかたどった蠟《ろう》製の仮面をかぶった物まね役者が随行することもあり、ひどくうるさかったようです。葬送行列が広場や墓地に到着すると、近親者による追悼演説がおこなわれ、それが終わると、一行は墓所へと向かい、遺体を埋葬しました。

宗教行事

古代ローマは多神教の世界だったので、これら八百万《やおよろず》の神々を祀《まつ》る儀式は数限りなくありました。また、国家主催の祭もしばしばおこなわれ、供犠式や競技会などのさまざまな宗教行事が挙行されていました。

こうした祭日には、家ごとに親戚が集まり宗教儀式がおこなわれていました。たとえば、二月の一三日から二一日にかけて、死者を供養するためにおこなわれるパレンタリア祭がそうでした。

ローマでは、死者を供養する祭としてもう一つ、五月の九日、一一日、一三日におこなわれるレムリア祭がありましたが、こちらは亡霊レムレス（第13章を参照）をなだめ追い払う祭で、各家の家父長は、黒い豆を肩越しに撒《ま》いて悪いレムレスを追い払うという、日本の節分にも似た儀式をおこなっていました。一方、パレンタリア祭のほうは日本のお盆にあたり、最終日の二一日には、親戚が墓前に集まって供犠式と宴会を催しました。

パレンタリア祭が終わった翌日の二二日には、カラ・コグナティオ祭がおこなわれました。パレンタリア祭は死者が主役の祭でしたが、カラ・コグナティオ祭のほうは生者が主役の祭でした。この日には再び親戚一同が集まって、氏神であるディ・ゲネリスと家神であるラレスに供物を捧げて、饗宴が催されました。

カラ・コグナティオは、直訳すると「愛すべき血族」という意味で、文字通り親戚が親《しん》睦《ぼく》を深める機会でした。一世紀前半の詩人オウィディウスによれば、この祭はまさに愛すべき親戚たちだけでおこなわれ、ならず者の兄弟、産みの子に残虐な母親、母親の死を待ち望む子、嫁に辛く当たる姑など、ふさわしくない家族・親族はこの集まりには呼ばれなかったそうです。つまり、この祭は親戚同士の親睦を深めるだけでなく、誰が親戚なのか、誰を親戚として認めるか、を再確認する機会を提供していたわけです。

　こうした機能はカラ・コグナティオ祭のような祭に限った話ではなく、前述した冠婚葬祭もまた、親族集団のアイデンティティを確認し合う場となっていたのです。

　さらに、宗教行事は、家のなかにおける序列を再確認する場ともなっていました。たとえば、一月に催されるコンピタリア祭では、冥界《めいかい》の神ラレス（この神は、家の神、道の神、海の神など、さまざまな側面をもつ複雑な神）の注意を逸《そ》らすために、四つ辻《つじ》に毛織りの鞠《まり》と人形を吊《つる》す儀式がおこなわれていました。毛織りの鞠は家の奴隷を守るため、男の人形は男性の家族を守るため、女の人形は女性の家族を守るために、それぞれ吊されていました。自由身分の家族のためには、人間の形をし性別もある人形が使用されていましたが、奴隷のためには、人間の形も性別ももたない鞠が使用されていたのです。

　奴隷も含めた家の者すべての息災を祈るというのがこの儀式の目的ですが、そこには世帯内の身分秩序やジェンダーのあるべき姿が露骨に表現されているのです。

　成長の女神マトゥタ・マテルを祀る六月一一日のマトラリア祭は母たちの祭で、マトゥタ・マテルの神殿で自分の子を女神に紹介する儀式がおこなわれていました。興味深いのは、この儀式に母の姉妹も加わる点です。ローマは基本的に男の血筋と父の権威を重視する家父長制社会でしたが、マトラリア祭は母方の家との絆《きずな》に重点をおいています。家や親族というものは男系のみでは成り立たないわけで、妻方あるいは母方の家系の助力を得てはじめて、政治的にも経済的にも、そして社会的にも有効に機能しうる集団となるので、折に触れて両家のつながりを確認し、さらにそれを維持強化する必要がありました。この点でマトラリア祭は重要な役割を果たしていたのです。

さらに興味深いのは、このマトラリア祭では、婦人たちが女奴隷を神殿から追い出して鞭《むち》で打つという儀式も併せておこなわれていた点です。この儀式のそもそもの起源や宗教的意味はよくわかりませんが、帝政期のローマ人たちはこの儀式の背景に、夫を誘惑する女奴隷に対する妻の嫉妬《しっと》があったと解釈しています。

これはまったくの的はずれの解釈ではなく、実際にローマでは、夫が女奴隷と性的関係を持っても大目に見られていましたが。夫たちのこうした行状について、二世紀はじめの文人プルタルコスは男側の視点に立って、妻たちにこう忠告しています。

夫が、放蕩《ほうとう》や不道徳や好色を妻以外の女と分かちあうのは、妻に対する尊敬の気持ちからそうするのである。（『道徳論集』一四〇B）

まったくもって身勝手な言い訳ですが、これがまかり通るのがローマでした。事実、前一八年にアウグストゥス帝が定めた姦通処罰に関するユリウス法でも、妻は夫以外の男性と性的関係を交わすと姦通の罪で処罰されていましたが、夫は人妻にさえ手を出さなければあとは大丈夫という扱いでした（第9章を参照）。

夫を寝盗《ねと》った（あるいは寝盗る可能性のある）女奴隷を懲らしめることが、この儀式の本来の起源・目的ではなかったにせよ、こうした不平等かつ不条理な夫婦関係のなかで暮らしていた妻たちの鞭を持つその手に、自然と力が入っていたとしても不思議ではないでしょう。この意味で、マトラリア祭の鞭打ちの儀式には、妻たちの日頃の不満をガス抜きするという機能もあったのでしょう。

以上で見たように、冠婚葬祭も含めた宗教行事には、公的にも私的にもさまざまな機能があったといえます。ローマ市民は、幼いころから宗教行事に参加することによって家の祭祀《さいし》の詳細に通じ、長じては、祭暦に従ってしかるべきときにしかるべき方法で祭儀を遂行することができるようになったことでしょう。これによって人々は、心の不安を除き、日々の平安を感じていたことでしょう。

しかし、それだけではありません。家族や親族が集う宗教行事に参加することによって、誰が自分の親戚なのかを知り、親睦を深めることができました。死亡率や再婚率が高く、養子縁組も少なからずおこなわれていたローマ社会では、親戚の顔ぶれを折に触れて再確認することの意義は大きかったにちがいありません。また、宗教行事に参加することによって、家のなかで自分はどういう立ち位置にいるのか、男女関係はどうあるべきか、自由身分と奴隷身分の関係はどうあるべきかを自然に体験し学ぶことができたでしょう。

さらに、宗教行事は、家と外界との関係を照らし出す場ともなっていました。家の友人や知人を宗教行事に招き、その顔ぶれを見ることによって、社会のなかで自分の家がどういう地位にあるのかを確認することができたでしょう。

ローマでは、たとえば円形闘技場で開催される剣闘士試合（娯楽であると同時に宗教行事でもあった）を観覧するときにも、自分が座る座席の位置で社会的身分や序列というものを目に見える形で再確認させられていましたが、同じような機能を家の宗教行事も有していました。宗教行事は、躾《しつけ》や教育と並んで、ローマ社会の価値観を学ばせる重要な社会装置でもあったわけです。

第27章　法と暮らし

法と慣習

ローマ法とはそもそも何なのか。この問いについて、紀元前一世紀前半のキケロは簡潔にこう述べています。

ローマ市民法は、法律(leges《レゲス》)、元老院決議、判例、法学者の解答、政務官の告示、慣習、衡平で構成されている。(キケロ『トピカ』二八)

キケロが列挙しているもののうち、衡平というのは、法について決定や解釈を下す際に尊重されるべき姿勢や精神を指します。

法律(leges《レゲス》)というのは、民会決議と平民会決議のことを指します(この他に、非常に古い時代の王法と十二表法がありました)。民会決議というのは、平民《プレブス》と貴族《パトリキ》の両身分の者に参加が認められていた民会《コミティア》(クリア民会、ケントゥリア民会、トリブス民会の三つ)での決議のことで、平民会決議というのは、平民のみに参加が認められていた平民会《コンキリウム・プレビス》での決議のことです。

キケロが生きていた時代には、クリア民会とケントゥリア民会は実質上機能していませんでしたが、厳密な意味での法律にあたるものは民会決議と平民会決議のみで、この他のものは法律ではありませんでした。しかし、政務官経験者で構成されていた元老院が決議したことは、事実上法律と同等の拘束力があり、また、権威を認められた法学者たちの法解釈や判例は、判決が下される際に参照されていました。

政務官の告示というのは、時代遅れの法律を時勢にあわせるために（ローマ市民は、法律を廃棄するよりも修正するほうを好む傾向にあった）政務官が発する命令のことで、これまた法律と同等の効力を有していました。要するに、元老院決議、判例、法学者の解答、政務官の告示は、法律（民会決議と平民会決議）を補うものだったと言えるでしょう。

二世紀の法学者ガイウスはローマ法を次のように説明しています。

ローマ人民の法は、法律、平民会決議、元老院決議、皇帝の勅法、皇帝の勅令……法学者の解答で構成されている。　（『法学提要』一・二）

キケロとガイウスがそれぞれ言及している項目に違いがあるのは、時代の違いによるものです。帝政期になると、皇帝が口頭や書面の形で発する命令が、法律と同等の権威を持つようになりました。と同時に、民会や平民会が事実上機能しなくなり、二世紀はじめのハドリアヌス帝のころには、皇帝の命令が民会や平民会の決議に取って代わり、法律と見なされるようになりました。

ところで、キケロは、ローマ法を構成するものとして慣習もあげています。慣習のことを法と言われると、ちょっと意外な感じもしますが、しかしよくよく考えてみれば、ローマ最初の成文法といわれる十二表法（前四五〇年ころ）も、もとはといえばローマの人々の慣習を文字に書き下ろしたものです。つまり、ご先祖様が善しとした考え方や行動規範（のちのローマ市民が好んで口にしていた父祖の遺風《モス・マイオルム》）こそが、ローマ法の原型だったわけです。

しかし、これまたよくよく考えてみると、ローマがまだ小さな町だった古い時代ならば、そこに住む人々のあいだで共有できる慣習なるものも存在していたでしょうが、キケロの時代にはすでにローマは広大な領土を擁するようになっていたので、ひと口に慣習といっても、渺《びょう》たるローマ帝国内にはさまざまな慣習が存在していました。

たとえば、エジプトでは古くから兄弟姉妹同士の結婚が認められていましたが、ローマ市民のあいだではそのような関係は近親相姦《そうかん》として罰則の対象となっていました。慣習というものを重んじ、それを法に等しいものとして尊重していたローマは、このような場合にどのような態度で臨んでいたのでしょうか。

二世紀はじめに黒海南岸にある属州ビテュニア・ポントゥスの総督となった小プリニウ

スも同じような問題に直面しました。

ビテュニア・ポントゥスのいくつかの都市が陳情してまいりました。それによれば、これらの都市は、破産に対して特権を認められた債権者であり、個人債権者に優先される、とのことです。これまでの総督たちはこの主張を受け入れてきましたので、この問題を解決する現地の法は今も存在するわけですが、私としましては、総則となる法があったほうが好ましいと考えます。（『書簡集』一〇・一〇八）

債権の問題に関して、ビテュニア・ポントゥスの慣習とローマの慣習が異なっていたので、小プリニウスは扱いに困り果て、ときの皇帝トラヤヌスにお伺いの手紙を書き、この際「総則となる法」を制定してはどうか、と進言しています。これに対してトラヤヌス帝はこう答えます。

情況は、各都市の法によって異なってくる。もしも、これらの都市がかかる特権を有しているならば、それを尊重するべきであろう。余は、個人債権者の損害に関わる総則を定めるつもりはない。（同一〇・一〇九）

お気に入りだった小プリニウスの進言にもかかわらず、「総則を定めるつもりはない」

と明確に言いきったトラヤヌス帝の姿勢にも表れているように、ローマは共和政期以来、支配下にある地域の慣習や法を最大限尊重する態度を示し続けてきたのです。こうした態度は、法の専門家のあいだでも共有されていました。

たとえば、法学者のガイウスが土地取引について、「土地が売却されるときには、契約が結ばれた地域の慣習に従って、立ち退きに関わる質物が設定されねばならない」と述べていることからもわかるように（『学説彙纂《いさん》』二一・二・六）、ローマ帝国内にはさまざまな法や慣習が存在し、各地に暮らす人々はその地域の法や慣習に従って生きていたのです。

さて、冒頭で引用したキケロは、「ローマ法」とは言わずに「ローマ市民法」と言っています。つまり、私たちが一般に口にする「ローマ法」というのは、正確には「ローマ市民法」であり、市民の法というくらいですから、これは原則としてローマ市民にのみ適用される法でした。

ちなみに、一世紀ころのローマ市民の数は、帝国の総人口の一〇パーセントくらいだったと推測されていますので、残りの大多数の人々はローマ市民法以外の慣習や法（研究者はこれを万民法と呼んでいる）のもとで日々の生活を送っていたことになります。つまり、二一二年のアントニヌス勅法によって帝国内のほとんどの自由民にローマ市民権が付与されるまでは、さまざまな法や慣習が並存し、人々はそれらに従ってさまざまに生きていた世界、それがローマ帝国だったと言えるでしょう。

ローマ市民法とローマ市民

二世紀はじめの諷刺詩人《ふうし》ユウェナリスは、善きローマ市民であるためには、善き兵士、善き後見人、また廉直なる審判人《ユーデックス》、偏見のない証人であらねばならない、と述べています（『サトゥラエ』八・七九〜八六）。ローマ市民にとって、審判人として裁判に陪席すること、裁判で親族や友人の助けとなること、誠実に証人役をつとめることは、名誉であり義務でもあったのです。

裁判で有罪か無罪かを投票で決める審判人は、ローマ市民名簿から選ばれていたので、必ずしも法の専門家がなるとは限りませんでした。したがって、一般の市民にとって、審判人に選ばれることは、相当の負担だったにちがいありません。二世紀の文人ゲッリウスは、初めて審判人に選ばれたときのことを、以下のように述懐しています。

初めて審判人の一人に選ばれたとき、私はまだ若かったので……裁判の知識を学ぶために、審判人の義務について書かれた二カ国語の書物を探し出して読んだが……結局なんの役にも立たなかった。……そこで私は、法廷弁論家として名をなしている友人たちに助言を仰いだ。……それから、当時ローマで親しくしていた哲学者ファウォリヌスのもとに相談に赴き、訴訟の内容や訴訟当事者の人柄に関するすべてを彼に話したのだった。

（『アッティカの夜』一四・二・一〜一一）

素人が判決を下すという重責と重圧をひしひしと感じていたゲッリウスは、まずは自分で裁判のことを一生懸命勉強し、さらに法律家の友人たちに助言を仰ぎ、しまいには哲学者の智慧《ちえ》まで借りる念の入れようでした。ゲッリウスといえば、楽しい雑学の宝庫である『アッティカの夜』の著者であり、れっきとした知識人でしたが、そんな彼でさえ、審判人の職務をまっとうするにはこれだけの手間隙《てまひま》を要したのです。

ローマ市民はこのように法や裁判に積極的かつ主体的にかかわる義務を負っていましたが、その一方で、法や裁判に訴えて守ってもらえる権利を有していました。六世紀のユスティニアス帝が、ローマ時代の法学書のなかから重要な部分を抜粋して集成させた『学説彙纂《ディゲスタ》』を見ると、実にさまざまな市井の出来事や事件が裁判の対象となっていたことがわかります。

たとえば、官憲の手を逃れて近くの店に飛び込んだ男が番犬に嚙《か》まれてしまった事件（同九・一・二・一）、店の照明を盗まれた商店主との乱闘の末に泥棒が失明させられてしまった事件（同九・二・五二・一）、夜に漁をする漁船の明かりが他の船を座礁させた事件（同四七・九・一〇）、蛇を使った旅芸人が見物人を脅かした事件（同四七・一一・一一）、船上で産まれてしまった赤ん坊に乗船料を課すべきか否か（同一九・二・一九・七）、見世物をしきりに見たがる奴隷や絵画を熱心に鑑賞する奴隷は、肉体に疾患があるのか、それとも精神に疾患があるのか（同二一・一・六五・序文）、男が欲情して娼婦《しょうふ》の部屋の戸を蹴《け》破《やぶ》ってしまったところへ泥棒が侵入し、物を盗んでいったが、この場合、戸を蹴破った男も罪に問われるのか（同四七・二・三九）といった具合です。

このようにローマでは、日常生活に密着したさまざまなトラブルが裁判の対象となっていたようで、アメリカばりの訴訟社会を想起させもします。だとすれば、現代のアメリカと同様、古代のローマでも、さぞかし弁護士が活躍していたことだろうと考えてしまいがちですが、必ずしもそうではありませんでした。

というのも、ローマでは古くから、法律活動で報酬を得る習慣はなく、前二〇四年にはキンキウス法によって法廷弁護の名目で金銭や贈物を受け取ることが正式に禁じられたからです。しかし、共和政末期ころになると法律活動を生業《なりわい》とする者が徐々に登場するようになり、キンキウス法の規定が形骸化《けいがいか》していきました。かくして、クラウディウス帝の時代になるとキンキウス法を再び強化しようという議論が高まりました。四七年の元老院会議で、ガイウス＝シリウスという元老院議員はキンキウス法の強化を訴えて、次のような演説をぶちました。

> 昔の人は、雄弁の報酬として、後世の名声のみを考えていた。……しかし現状は……ちょうど病魔が医者の懐を肥やすように、法廷の伝染病が弁護人に財産をもたらしている。
>
> （タキトゥス『年代記』一一・六）

シリウスの主張はクラウディウス帝の賛同を得て、かくして弁護士の報酬を一万セステルティウス以下とする決議がなされました。このため、法廷を身過ぎ世過ぎの場としていた弁護士のなかには、貧窮に喘《あえ》ぐ者も少なからずいました。その窮状をユウェナリスがこう歌っています。

弁護の声の報酬はどんなものか。乾《ほ》した豚の足と、皿に入ったマグロの稚魚か、（北アフリカの）マウリ族の一ヶ月分の手当にあたる古いタマネギ、でなければ、ティベリス川で運ばれてくるワイン五本。お前がもし四度法廷に立って、金貨一枚にたまたまありついたとしても、事務員との契約に従って一部が控除されてしまう。

（『サトゥラエ』七・一一九～一二三）

弁護料に上限がもうけられていただけでなく、金銭で支払えない場合には農産物などの形で弁護料が支払われることもあった、しかもそれほど高額の物ではなかったことが、ユウェナリスの記述から見て取れます。諷刺詩特有の誇張もありますが、元首政期のローマでは、弁護士はあまり儲《もう》からない職業だったようです。

弁護士が儲からないということは、その分だけ庶民と法廷との距離を縮めることになったでしょう。先ほど見たように、『学説彙纂』のなかで一流の法学者たちが、人間味や生活臭にあふれた問題を俎上《そじょう》にのせて議論していますが、このこともまた、上層市民だけでなく一般市民も法廷へのアクセスが比較的容易だったことを示唆しています。

しかし、法律活動を生業とする人々が登場するようになったのは共和政末期以降のことだったという点に注意する必要があります。それ以前は、法律や弁論術の素養のある元老院身分や騎士身分の人々が、自分の名誉や名声のために、換言するならば、自分の政治的・社会的影響力を増すために、報酬なしで弁護を引き受けていました。

もしも、彼らが無料で弁護に立ち上がってくれるならば、それは庶民にとってありがたい話だったでしょう。しかし、たとえばスリにあっただとか、少額の遺産争いだとか、その手の地味な訴訟を彼らが引き受けてくれたとはあまり考えられません。ローマ市民でありさえすれば、たとえ金持ちでなくとも自分で裁判をおこすことは可能でしたが、しかし、古い時代のローマで庶民が裁判を起こすのは至難の業でした。

裁判をおこすまでの手続きが複雑煩瑣《はんさ》だった（たとえば、訴え出るときの言葉使いも一言一句決められた通りでなければいけない等）のに加えて、訴訟当事者は原告被告双方ともにあらかじめ賭金を供出し、その賭金の保証人を立てなくてはならなかったからです。

こうした不都合を補う形で有効に機能していたのがクリエンテラ関係でした。これは、有力な保護者（patronus《パトロヌス》. パトロンの語源）とその保護に身を委《ゆだ》ねた被保護者（clientes《クリエンテス》. クライアントの語源）とのあいだで形成された社会関係（親分子分関係）のことで、お互いに助け合う義務を負っていました。したがって、もしも自分の被保護者が裁判沙汰《ざた》に巻き込まれたときには、保護者が弁護人として法廷に立っていました。

ラテン語のパトロヌスは、「保護者」という意味もありますが、よく使われる意味として「弁護人」があります。つまり、保護者の最大の義務、よく果たしていた役割としては、庶民である被保護者のために法廷で弁護活動をおこなうことであったことを、言葉の用法がよく示しているのです。誠実な保護者をもつ被保護者がもしも訴えられたならば、保護者は被保護者に代わって賭金を用意したり、保証人を引き受けたり、さらには弁護人として法廷で活動したのです。

前二世紀には裁判をおこすための手続きが簡略化され、また、共和政末期になるといわゆる弁護士が登場し、安い弁護料で地味な訴訟でも引き受けてくれるようになったことで、クリエンテラ関係は以前ほどの重みを失っていったでしょうが、かといってまったく無意味になったわけではありませんでした。裁判をおこすのは容易になったとしても、やはり勝つためには有力者の後ろ盾というものが大きくものをいう世界だったからです。司法の独立性という理念は、ローマではまだまだ未発達の状態にあったのです。

第28章　経済と暮らし

名誉ある市民としての義務の何たるかを息子に説く形で書かれたキケロの『義務について』のなかに、当時のローマ人の職業観をよく示す一節があるので、以下に引用してみましょう。ここでは、現代風の「職業に貴賤《きせん》なし」というお題目はいっそ気持ちよいくらいに拒否されています。

職業観

手技や営利の生業《なりわい》について、何が高貴で何を卑賤とするべきかを、私はだいたい次のように聞いている。まず第一に、人に憎まれ、善しとされないのは、たとえば徴税人や高利貸のような生業である。また、買われるのはその労力であって技術ではない雇人の生業もすべて、卑しくきたないものであろう。……また、きたないと考えなくてはならないのは、即座に売りさばくためのものを商人から買い入れる小売商たちであろう。この人たちは、嘘八百を並べなければ、利益をあげることがまったくできないからであり、実際、欺瞞《ぎまん》ほど道徳的に醜いものはない。手職の人もみな卑俗な技に従っている。その職場には何も高貴なものはありえないからである。もっとも尊敬に値しないのがひとの快楽に仕える商売であって、魚屋、肉屋、料理人、鳥屋……これに香油屋、踊り手、野卑な歌舞演奏者を加えてもよい。一方、医術や建築、……教育のように、より高い英知を要し、公共の利益を少なからずもたらす技術は、これらの技術にふさわしい地位に立つ人々の名誉を高めるものだ。商業は規模が小さければ卑しいと見なければならない。しかし、もしも、豊かに大きく、諸方の物資をもたらして、誠実に多くの人々に分かつならば、それはひどく非難されるべきではないばかりか、あげた利益に飽き、またはむしろ満足して、……港から田園の地所に帰って住むならば、彼らもまた最も高い尊敬に値すると思われる。何ほどかの利益をもたらすあらゆるもののなか、田園の耕作にまさって善いもの、豊かなもの、甘美なもの、これほど自由人にふさわしいものはない。

（『義務について』一・四二）

紀元前二一八年のクラウディウス法は、元老院議員とその息子たちが大型商船を所有することを禁じました。つまり、元老院家系の人々が商業に直接参加することを禁じたわけです。ここにローマの伝統的な価値観というものを見て取ることができるでしょう。まさに、農業を最善の生業とし、手工業や小規模な商業を卑しいものとするキケロの職業観もまさに、そうした価値観と共鳴しあっているのです。

ローマは農業を主体とする社会で、往時は元老院議員も自ら農耕に汗していました。前四五八年に独裁官《ディクタトル》に任命されたルキウス＝クィンクティウス＝キンキンナトゥス（Cincinnatus は「巻き毛」という意味で、アメリカの地名シンシナティ Cincinnati の語源）は、元老院の使者から任官の命を受けたとき、まさに畑を耕している最中だったといいます。そして、剛腕をふるって短期間のうちに軍事的危機を収拾すると、権力に執着することなく潔く任を退き、再び農作業に戻りました。

農民と兵士の両方の魂と才を持った質実剛健な愛国者キンキンナトゥスは、存命中にすでに「伝説の男」となり、その後も永らくローマの美徳として敬仰されました。近代になってからも、彼はアメリカの建国の父たちから尊敬され、独立戦争を支えた結社シンシナティ協会は彼の名前に由来しています。

やがてローマが、征服の過程で広大な土地と大量の奴隷を獲得したことによって、イタリアでは大土地所有《ラティフンディア》が進展し、それとともに元老院議員の不在地主化が進みました。かくして、政治と軍事を本務と心得て、空いた時間を学問や趣味にあてるという元老院身分のライフスタイルが徐々に形成されていきました。

手技や営利を見下す心性は、属州の富を搾取し、土地収入に寄生し、奴隷労働力を利用できた元老院身分や一部の騎士身分のような不労所得者に特有のものだったのであり、生きるために働かざるを得なかった勤労所得者には無縁のものでした。

農業こそが身分ある者にふさわしいという理念は帝政期になっても根強く生き残り続け

ましたが、だからといって上層の人々が理念通りの生き方をしていたわけではありません。元老院議員のなかには土地収入を商工業に投資する者たちもいましたし、高利貸しを営む者たちもいました。また、法律活動を職業とは見なしていなかったキケロは弁護士に言及していませんが、実際にはこれで報酬を得ていた元老院議員もいました。

前章でお話しした、弁護料を一万セステルティウス以下に制限しようとする動議に対して、ある元老院議員は、「われわれはごくあたりまえの元老院議員だ。国が平穏無事であるかぎり、平和な時の儲《もう》け口を探す以外に方法はない」（タキトゥス『年代記』一一・七）と主張して、弁護料の抑制に反対しています。元老院議員だからといって、すべての者が裕福な大地主だったわけではなかったのです。

商工業を見下す職業観が上層の人々のあいだで共有されていたことは確かですが、反面、商工業が盛んであったこともまた事実です。「豊かに大きく、諸方の物資をもたらして、誠実に多くの人々に分かつ」大規模商業の価値をキケロですら認めているように、とりわけ共和政末期から元首政期にかけての商取引には目を瞠《みは》るものがありました。

その隆盛ぶりについては、首都ローマの港町だったオスティアに残る組合広場がよく示してくれています。一〇〇メートル×八〇メートルほどの広場の周囲には、商取引に関わっていた六一の営業所（五メートル×四メートルほどの間取り）が軒を接して立ち並んでいました。そして、各営業所の玄関床には、そこが何の営業所か一目でわかるように白黒モザイクの絵が貼られています。毛織物商や木材商、商船の艤装《ぎそう》業者や防水加工業者、ロー

トラヤヌスの市場（macellum）

プ製造業者や穀物計量業者といった具合に、扱う商品や業種による細かい専門分化が進んでいました。これらの同業組合が協同して大規模な商取引の牽引《けんいん》役を果たしていたのです。

キケロが軽蔑《けいべつ》している「即座に売りさばくためのものを商人から買い入れる小売商たち」の活動も活発でした。古代都市ポンペイの大通り沿いに面した家屋の一階部分のほとんどが、食料品や生活用品などを小売りする店舗として使用されていたことに、その活況ぶりを見て取ることができるでしょう。

こうした小さな店舗の奥や中二階部分には、寝起きと食事がかろうじてできるくらいの質素な空間がしつらえられていました。そこに寝泊まりしながら店を営んでいたのは、自由身分の商店主であったにせよ、店を任されていた奴隷であったにせよ、決していい暮らしのできる人たちではありませんでした。「嘘八百を並べなければ、利益をあげることがまったくできない」というキケロの物言いは尊大ではありますが、あながち見当違いでもなかったようです。

ローマの二代目の王ヌマ＝ポンピリウスはローマの民衆を職業によって区分した、と伝承は伝えています。そこであげられている職業が、笛吹き、金細工、大工、染物屋、靴屋、銅細工、陶工でした。

この伝承が史実かどうかはさておき、これらの手工業（笛吹きは除く）が非常に古い時代からローマに存在していたことは確かです。こうした起源の古い手職の他にも、ローマ人の生活レベルを快適に保つためにさまざまな手工業が存在していましたが、たいていその経営規模は小さく、親方が数人の徒弟と奴隷を抱えて営業するといったものでした。

しかし、一つひとつの工房の規模は小さくても、その数はおそらくかなりあったと思われます。また、最近の発掘で、ローマのヤニクルム丘陵にあった大規模水車施設の近辺から、ガラス細工や金属細工の際に出る金属屑《くず》、陶器やレンガの破片などの廃棄場と思われる遺構が発見されています。この事実は、当時の手工業者たちが、水車もしくは水力を利用した機械装置を活用して、生産性を高めていたことを示唆しています。

労働条件

働く庶民の収入がどれくらいであったかはよくわかっていませんが、ディオクレティアヌス帝が物価抑制のために、三〇一年に制定した最高価格令という法律が、当時の賃金に

職種	賃金	職種	賃金
農業労働者(食費込み)	1日につき25	大工(食費込み)	1日につき50
左官(食費込み)	1日につき75	画家(食費込み)	1日につき150
パン焼き職人(食費込み)	1日につき50	海船の船大工(食費込み)	1日につき60
川船の船大工(食費込み)	1日につき50	ラクダ(ロバ)追い(食費込み)	1日につき25
羊飼い(食費込み)	1日につき20	ラバ追い(食費込み)	1日につき25
蹄鉄職人	1頭につき6	役畜の飼育・世話役	1頭につき20
床屋	1人につき2	下水清掃人(食費込み)	1日につき25
熟練の書記	100行につき10	未熟練の書記	100行につき20
公証人	100行につき10	フード付きのマント職人	60
初等教師	生徒1人につき月50	算数の教師	生徒1人につき月75
速記の教師	生徒1人につき月75	古典語・幾何学の教師	生徒1人につき月200
修辞学・弁論術の教師	生徒1人につき月250	弁護士	1件につき250
建築家の教師	生徒1人につき月1000	浴場の携帯品預かり	入浴客1人につき2

表七　ディオクレティアヌス帝の最高価格令(賃金の単位＝デナリウス)

ついてまとまった形で貴重な情報を与えてくれています(表七)。

表七には記載していませんが、最高価格令は、食料品の価格の上限も定めています。たとえば、〇・五リットルの並みのワイン価格の上限は八デナリウス(一デナリウス＝四セステルティウス)、同量のエジプト産ビールは二デナリウス、六・五キログラムの小麦と大麦はそれぞれ一〇〇デナリウスと六〇デナリウス、三二七グラムの豚肉、牛肉、塩漬けの魚は順に一二デナリウス、八デナリウス、七デナリウスでした。

つまり、大工やパン職人といった、当時の平均的な庶民の日当で、主食の小麦三・二五キログラムを購入できた計算になります。ただし、古代と現代とでは物やサービスの価値がまったくちがうので、単純な比較はできません。当時の大工の日当は散髪二五回分ですが、今の日本の庶民の日当で散髪二五回はまず無理です。

また、三世紀後半からローマ帝国の物価は急上昇に転じたので、最高価格令で表示されている賃金と物価の関係を、それ以前のローマ社会にあてはめてみることはできません。紀元一〇〇年ころから二二〇年ころまでのローマ帝国の物価は、だいたい二・七倍くらいの緩やかなペースで上昇したと推測されているからです。

ローマ帝国では、膨れ上がる軍事費を捻出するために、二世紀以降、銀貨一枚に含まれる銀の量を徐々に減らし、その分で銀貨を大量発行するという（どこかの国でおこなわれている金融の異次元緩和を思わせるような）奇策を続けた結果、三世紀後半には通貨の信用が失われ、物価の高騰が止まらなくなってしまいました。そこでディオクレティアヌス帝は、物やサービスの価格に上限を定めて、物価の抑制を図ったわけです。

したがって、ディオクレティアヌス帝時代の庶民の生活は、それ以前と比べて不安定で苦しかっただろうと想像されます。最高価格令は、当時の物価と賃金のあるべき状態について政府が定めた目標値なので、庶民生活の現実というものはここからはなかなか見えてきません。とはいえ、これくらいの物価と賃金であれば民の生活も成り立つだろうという当時の政府見解をうかがい知ることはできるでしょう。

では、古代ローマ人の労働時間はどれくらいだったのでしょうか。これについては、一世紀後半のマルティアリスがありがたい寸鉄詩を書き残してくれています。

一の刻と二の刻は朝の挨拶《あいさつ》に上がる連中をくたびれさせるし、三の刻は弁護人どもが働いて咽喉《のど》を嗄《か》れさせる。五の刻にはローマはさまざまの業務に散らばり、六の刻は疲れた人々の休息、七の刻は仕事おさめ、八の刻から九の刻までは肌つややかな格闘技の時間で、九の刻はしつらえた臥床《がしょう》にどさりと身を投げ出せという時間。

（『エピグランマタ』四・八）

現代では一日を二四等分しているので、夏でも冬でも一時間は六〇分ですが、ローマ人は、日の出から日没までを一二等分し、さらに日没から日の出までを一二等分していたので、夏と冬とでは一時間の長さも異なっていました（夏至の昼間の一時間は七五分、冬至の昼間の一時間は四五分）。

一の刻というのは日の出からの一時間を指しましたが、これも夏と冬とでは異なっており、夏ならば四時二七分から五時四二分、冬ならば七時三三分から八時一七分までの時間帯にあたりました。分単位で時間に支配されている現代人からすれば不便でしようがないでしょうが、時針ではなく太陽の動きにあわせた生活をおくっていた古代人にとってはむしろ自然な計時法だったといえましょう。

ちなみに、アウグストゥス帝は、書簡にはそれを書いた正確な時刻を「昼間のみならず夜間の正確な時刻も書き添えていた」そうです（スエトニウス「アウグストゥス伝」五〇）。神経質なアウグストゥス帝らしい几帳面《きちょうめん》さです。そんな彼がストレス性の胃腸炎に悩まされていたのもわかる気がしますし、エジプトのオベリスクを利用した巨大な日時計をマルスの野に造らせたのもなるほどと肯《うなず》ける話です。

ローマ人は日時計と水時計を知っていましたが、それらを実際に活用していたのは、開廷時間や発言時間が決まっていた法廷で活動する人や、夜警の交替時間を知る必要のあった首都警備隊などごく一握りの人たちで、一般庶民は正確な時間のことなどあまり気にかけてはいなかったでしょう。一世紀半ばの大プリニウスによれば、都の時計のシンボルともいえるアウグストゥス帝の日時計はすっかり狂っていたそうですが、それでも人々の日常生活は不都合なく淡々と営まれていたのですから。

話がそれてしまいました。先ほど引用したマルティアリスの歌から当時の生活パターンを復元してみると、ローマ人は日の出とともに起き出して、まずは自分の保護者《パトロヌス》への挨拶まわりで一日を始めます。たいていの人が働き始めるのが五の刻、夏ならば九時二九分、冬ならば一〇時三一分でした。そして、正午前の六の刻には休憩をとり、七の刻までには（夏ならば一三時一五分、冬ならば一二時四四分）仕事を終えて、それから夕食の時間となる九の刻まで（夏ならば一四時三一分、冬ならば一三時二九分）は公衆浴場で入浴したり運動して、その日の疲れを癒《いや》していたようです。

ただし、マルティアリスが描くのは、臥台に寝そべって晩餐《ばんさん》を食するような、ある程度の資産を所有していた中産階級以上の人々の生活パターンだということに注意する必要があるでしょう。資産も専門技術も持たない単純労働者は、早朝から夕方前くらいまでのだいたい七時間くらいを労働にあてていたと考えられています。むろん職種によって、とりわけサービス業の場合には、労働の時間帯や長さも「普通の」労働者とは異なっていたでしょう。売春を生業とする者たちは（あまり時と場所を選んでいなかったが）、だいたい午後三時くらいから明け方までが一番の稼ぎ時だったと推測されています。

古代ローマのGDP

ローマは、一世紀から二世紀にかけて経済活動のピークを迎えました。ある研究者の計算によれば、ローマの最盛期とされる五賢帝時代の国内総生産は、一二〇億～一三五億セステルティウスほどだったそうです。

国内総生産（GDP）というのは、その国の経済規模をみるときによく使われる指標で、要するに最盛期のローマ帝国では、一年間に一二〇億～一三五億セステルティウスの富が生み出されていたということです。ちなみに、このころのローマ帝国の歳出額はおよそ八億三〇〇〇万～九億八〇〇〇万セステルティウスほどでした。ローマ帝国は歳出のほぼすべてを税収でまかなっていた、と考えられるので、帝国の国内総生産に占める税金の割合は、だいたい六～八パーセントほどでした。

日本と比較してみますと、二〇一三年度の日本の国内総生産（名目）が四八三兆一〇〇〇億円、税収が四六兆九五二九億円、したがって、国内総生産に占める税金の割合は約一〇パーセントとなります。しかし、日本の場合、同年度の国家予算は九二兆六〇〇〇億円で、税収ではすべてをまかなえていない状態となっています。このため日本政府は、四四兆二四四〇億円もの公債を発行して（つまりは借金して）、国家財政をやりくりしているのです。

以前から日本では、「大きな政府」を目指すのか、それとも「小さな政府」を目指すのか、が活発に議論されていますが、ローマ帝国と比較してみる場合、今の日本は間違いなく「大きな政府」であり、ローマ帝国は「小さな政府」だったと言えるでしょう。

このことは、公務員の数からも見て取れます。日本の場合、国家公務員数が三四万人ほど、地方公務員数が二七七万人ほどで、計三一一万人です（二〇一二年）。ローマ帝国の公務員数については、時代によって異なりますし、また研究者によってもかなりの差が見られますが、帝政後期の帝国官僚と地方の都市参事会員数をあわせて一三万～三六万人ほどと見積もられています。

古代世界においては軍隊の存在感が大きかったと言われています。とくにローマ帝国といえば圧倒的な軍事力を想起しがちですが、ローマの兵員数は最大で六〇万人ほどでした（ディオクレティアヌス帝の時代）。ちなみに、ローマでは軍隊が警察機能の多くをカバーしていました。これに対して、日本の自衛官数は二二万～二五万人、警察官数が二八万人ほどです。

日本の人口を一億二七〇〇万人、公務員数を三六一万～三六四万人、ローマ帝国の人口を六〇〇〇万人、公務員数を七三万～九六万人として計算してみると、人口一〇〇〇人あたりの公務員数は、日本が二八・七人、ローマ帝国が一二・二～一六・〇人となります。

ディオクレティアヌス帝が属州の数を以前の倍に増やしたことにより、官僚や兵士の数も増えたので、帝政前期に比べれば、後期ローマ帝国は「大きな政府」となったと言えるでしょうが、現代の日本と比べれば、人的に見ても間違いなく「小さな政府」だったのです。

ローマ帝国内においてなされていた経済活動の規模に比べれば、帝国は「小さな政府」だった、言い換えるならば、帝国内の経済活動で生産された富のうち、税金として政府が取る分はごく一部にすぎなかった、さらに言えば、ローマ帝国内には、国庫以外のどこかに莫大《ばくだい》な富が眠っていたことになります。では、その莫大な富は社会のどこに存在し、誰が所有していたのかと言えば、その大きな部分を、皇帝や元老院議員、騎士や帝国官僚、地方都市の参事会員といった支配階層が所有していました。

一世紀末の元老院議員であった小プリニウスの年収は最低でも一一〇万セステルティウスくらいあったと推測されていますが、彼が言うには、自分は「中くらいの資産家」だったそうです（総資産額は一二〇〇〜一五〇〇万セステルティウス）。

彼の発言を信じるならば、元老院議員の平均年収は一一〇万セステルティウスほどで、そうすると、元老院議員六〇〇人の平均年収の合計は六億六〇〇〇万セステルティウスとなり、これに、先ほどあげた皇帝や帝国官僚、地方参事会委員たちの年収を加えると、帝国の税収額をゆうに超えてしまいます。要するにローマ社会というのは、ごくごく一握りの人々に富が偏在する社会、貧富の差の激しい社会だったのです。そして、こうした社会のあり方が、冒頭で紹介したキケロのような支配階層に特有の職業観を産み出していたのです。

〈関連年表〉

年代	主な出来事
紀元前	
七五三	ロムルスがローマを建国し、王政が成立（伝承）
五〇九	王が追放され、共和政が成立
四九四	聖山事件により身分闘争が激化。護民官・平民会の創設
四五八	キンキンナトゥス、独裁官に就任
四五〇	このころ十二表法の制定
四四五	パトリキとプレプスの結婚を認めたカヌレイウス法の制定
四四二	監察官の創設
三六七	リキニウス・セクスティウス法の制定
三四三	第一回サムニウム戦争（〜前三四一）
三三四	アレクサンドロス大王による東征の開始
三二七	第二回サムニウム戦争（〜前三〇四）
三一二	アッピウス水道とアッピウス街道の建設
二九八	第三回サムニウム戦争（〜前二九〇）
二八七	ホルテンシウス法の制定により身分闘争が一応の決着
二七二	タレントゥム降伏。ローマによるイタリア統一
二六四	第一回ポエニ戦争（〜前二四一）
二一八	第二回ポエニ戦争（〜前二〇二）。クラウディウス法の制定

二一五	第一回マケドニア戦争（～前二〇五）。オッピウス法の制定（～前一九五）
二〇四	キンキウス法の制定
二〇二	ザマの戦いでスキピオがハンニバルを破る
二〇〇	第二回マケドニア戦争（～前一九七）
一七一	第三回マケドニア戦争（～前一六八）
一四九	第三回ポエニ戦争（～前一四六）
一三三	兄ティベリウス＝グラックスの改革
一二三	弟ガイウス＝グラックスの改革
一〇七	マリウスの軍制改革
八八	イタリアの自由人にローマ市民権を付与し、同盟市戦争終結。第一回ミトリダテス戦争（～前八五）
八三	第二回ミトリダテス戦争（～前八一）
八一	スッラ、独裁官に就任
七四	第三回ミトリダテス戦争（～前六三）
七三	スパルタクスの反乱（～前七一）
七〇	ポンペイウスとクラッスス、執政官に就任
六三	カティリナの陰謀。キケロ、執政官に就任
六〇	ポンペイウス、クラッスス、カエサルの第一回三頭政治
五八	カエサルのガリア遠征（～前五一）
四九	カエサルがルビコン河を渡る

四五	カエサルが太陽暦（ユリウス暦）を採用
四四	カエサルが暗殺される
四三	オクタウィアヌス、アントニウス、レピドゥスの第二回三頭政治
四一	ペルージャの戦い
四〇	ファルキディウス法の制定
三一	アクティオンの海戦
二七	オクタウィアヌスがアウグストゥスの称号を得て、帝政（元首政）が成立
一八	姦通処罰に関するユリウス法、婚姻階層に関するユリウス法の制定
一一	水道庁の創設
紀元後	
九	パピウス・ポッパエウス法の制定
一四	アウグストゥス死去し、ティベリウス即位
二四	ウィセッリウス法の制定
三二	このころイエスの磔刑
四一	カリグラが暗殺され、クラウディウス即位
五四	クラウディウスが暗殺され、ネロ即位
六四	ローマの大火。ネロによるキリスト教徒迫害。
六六	第一回ユダヤ戦争（〜七三）
六九	ウェスパシアヌスがフラウィウス朝を創設
七九	ティトゥス治下、ウェスウィウス山が大噴火。ポンペイなどが滅亡

九六 ドミティアヌスが暗殺され、ネルウァ即位。五賢帝時代の開始(〜一八〇年)
一〇一 フロンティヌス、水道長官に就任
一一七 トラヤヌスによるダキア戦争(〜一〇六)
一三二 トラヤヌス死去し、ハドリアヌス即位
一六五 第二回ユダヤ戦争(〜一三五)
一八〇 天然痘の大流行
一八九 マルクス=アウレリウス死去し、コンモドゥス即位
一九三 天然痘の再流行
二一二 セプティミウス=セウェルスがセウェルス朝を創設
二二二 カラカッラがアントニヌス勅法を発布
二三五 ヘリオガバルスが処刑され、アレクサンデル=セウェルス即位
二七〇 軍人皇帝時代の開始(〜二八四年)
二八四 アウレリアヌス即位
三〇一 ディオクレティアヌス即位。専制君主政の開始
三一三 ディオクレティアヌスが最高価格令を発布
三二五 ミラノ勅令によりキリスト教を公認
三三〇 ニカイア公会議でアリウス派を異端とする
三六三 コンスタンティヌス、コンスタンティノポリスに遷都
三七六 ユリアヌス、ササン朝との戦争で戦死
西ゴート族がライン川を渡る。ゲルマン民族大移動の開始

三九一	テオドシウスがキリスト教以外の信仰を禁止
三九五	テオドシウス死去。帝国が東西に分裂
三九九	宦官エウトロピウス、執政官に就任
四一〇	西ゴートがローマ市を掠奪
四三一	エフェソス公会議でネストリウス派を異端とする
四五二	アッティラ率いるフン族がイタリアに侵入
四五五	ヴァンダル族がローマ市を占領
四七六	西ローマ帝国の滅亡

おわりに

本書は、樋脇博敏『古代ローマ生活誌』（日本放送出版協会、二〇〇五年）に加筆修正してなったものです。今回あらたに書き下ろした部分（第8章、第9章）の主要参考文献は以下の通りです。

アルベルト・アンジェラ（関口英子・佐瀬奈緒美訳）『古代ローマ人の愛と性』（河出書房新社、二〇一四年）

アントニオ・ヴァローネ（本村凌二監修・広瀬三矢子訳）『ポンペイ・エロチカ』（PARCO出版、一九九九年）

ピエール・グリマル（沓掛良彦・土屋良二訳）『ローマの愛』（白水社、一九九四年）

小林昭博「女々しい男は罪か？　古代ギリシャ・ローマ文化におけるΜΑΛΑΚΟΣ」『関西学院大学キリスト教と文化研究』一〇（二〇〇八年）、三五～五二頁

東京女子大学文理学部史学科『ガイドブック　ジェンダーから見る歴史』（東京女子大学史学研究室、二〇〇六年）

長谷川岳男・樋脇博敏『古代ローマを知る事典』（東京堂出版、二〇〇四年）

樋脇博敏「ジェンダーと歴史教育——古代ローマ史の場合」『歴史と地理』五九六（二〇〇六年、山川出版社）四四〜四七頁

R. A. Bauman, *Women and Politics in Ancient Rome*, Routledge, 1992.

C-E. Centlivres Challet, *Like Man, Like Woman*, Peter Lang, 2013.

L. Foxhall, *Studying Gender in Classical Antiquity*, Cambridge University Press, 2013.

L. Huber, Sexually Explicit? Re-reading Revelation's 144,000 Virgins as a Response to Roman Discourses, *Journal of Men, Masculinities and Spirituality*, 2-1(2008), http://www.jmmsweb.org/issues/volume2/number1/pp3-28.

S. R. Joshel and S. Murnaghan(eds.), *Women & Slaves in Greco-Roman Culture*, Routledge, 1998.

M. R. Lefkowitz and M. B. Fant, *Women's Life in Greece and Rome*, 3rd ed., John Hopkins University Press, 2005.

K. Milnor, *Gender, Domesticity, and the Age of Augustus*, Oxford, 2005.

G. D. Williams, *Banished Voices*, Cambridge, 1994.

C. Vout, *Power and Eroticism in Imperial Rome*, Cambridge, 2007.

J. G. Younger, *Sex in the Ancient World from A to Z*, Routledge, 2005.

なお、本文中で引用した史料訳は、既存の日本語訳がある場合にはそれらを利用させて

いただきましたが、行論の都合上、適宜改訳した部分もあります。また、ギリシア語やラテン語の長音記号は、原則として省略しました。

本書を出版するにあたっては、法政大学の後藤篤子教授にご多忙にもかかわらず目を通していただき、貴重なご意見をいただきました。心よりお礼を申し上げます。なお誤りがあるとすれば、それはひとえに著者の責任であることは言うまでもありません。また、文庫化の話を提案してくださり、さまざまな場面でご助言をくださった株式会社KADOKAWAの大林哲也さんにこの場を借りて感謝の意を表したいと思います。

二〇一五年六月

樋脇博敏

本書は二〇〇五年四月にＮＨＫ出版から刊行された
『ＮＨＫカルチャーアワー歴史再発見　古代ローマ
生活誌』を加筆・改題し、文庫化したものです。

古代《こだい》ローマの生活《せいかつ》

樋脇博敏《ひわきひろとし》

平成27年 7月25日　初版発行

発行者●郡司 聡

発行●株式会社KADOKAWA
〒102-8177　東京都千代田区富士見2-13-3
電話 03-3238-8521（カスタマーサポート）
http://www.kadokawa.co.jp/

角川文庫 19290

印刷所●旭印刷株式会社　製本所●株式会社ビルディング・ブックセンター

表紙画●和田三造

ISBN978-4-04-409222-1　C0122

角川文庫発刊に際して

角川源義

第二次世界大戦の敗北は、軍事力の敗北であった以上に、私たちの若い文化力の敗退であった。私たちの文化が戦争に対して如何に無力であり、単なるあだ花に過ぎなかったかを、私たちは身を以て体験し痛感した。西洋近代文化の摂取にとって、明治以後八十年の歳月は決して短かすぎたとは言えない。にもかかわらず、近代文化の伝統を確立し、自由な批判と柔軟な良識に富む文化層として自らを形成することに私たちは失敗して来た。そしてこれは、各層への文化の普及滲透を任務とする出版人の責任でもあった。

一九四五年以来、私たちは再び振出しに戻り、第一歩から踏み出すことを余儀なくされた。これは大きな不幸ではあるが、反面、これまでの混沌・未熟・歪曲の中にあった我が国の文化に秩序と確たる基礎を齎らすためには絶好の機会でもある。角川書店は、このような祖国の文化的危機にあたり、微力をも顧みず再建の礎石たるべき抱負と決意とをもって出発したが、ここに創立以来の念願を果すべく角川文庫を発刊する。これまで刊行されたあらゆる全集叢書文庫類の長所と短所とを検討し、古今東西の不朽の典籍を、良心的編集のもとに、廉価に、そして書架にふさわしい美本として、多くのひとびとに提供しようとする。しかし私たちは徒らに百科全書的な知識のジレッタントを作ることを目的とせず、あくまで祖国の文化に秩序と再建への道を示し、この文庫を角川書店の栄ある事業として、今後永久に継続発展せしめ、学芸と教養との殿堂として大成せんことを期したい。多くの読書子の愛情ある忠言と支持とによって、この希望と抱負とを完遂せしめられんことを願う。

一九四九年五月三日

角川ソフィア文庫ベストセラー

大モンゴルの世界
陸と海の巨大帝国
杉山正明

13世紀の中央ユーラシアに突如として現れたモンゴル。世界史上の大きな分水嶺でありながら、その覇権と東西への多大な影響は歴史に埋もれ続けていた。大帝国の実像を追い、新たな世界史像を提示する。

ペリー提督日本遠征記（上）
M・C・ペリー
編纂／F・L・ホークス
監訳／宮崎壽子

喜望峰をめぐる大航海の末ペリー艦隊が日本に到着、幕府に国書を手渡すまでの克明な記録。当時の琉球王朝や庶民の姿、小笠原をめぐる各国のせめぎあいを描く。美しい図版も多数収録、読みやすい完全翻訳版！

ペリー提督日本遠征記（下）
M・C・ペリー
編纂／F・L・ホークス
監訳／宮崎壽子

刻々と変化する世界情勢を背景に江戸を再訪したペリーと、出迎えた幕府の精鋭たち。緊迫した腹の探り合いが始まる――。日米和親条約の締結、そして幕末日本の素顔や文化を活写した一次資料の決定版！

パリ、娼婦の館
メゾン・クローズ
鹿島茂

19世紀のパリ。赤いネオンで男たちを誘う娼婦の館があった。男たちがあらゆる欲望を満たし、ときに重要な社交場になった「閉じられた家」。パリの夜の闇にとける娼館と娼婦たちの世界に迫る画期的文化論。

パリ、娼婦の街
シャン＝ゼリゼ
鹿島茂

シャンゼリゼ、ブローニュの森、アパルトマン。資本主義の発達と共に娼婦たちが街を闊歩しはじめた。あらゆる階層の男と関わり、社会の縮図を織りなす私娼の世界。19世紀のパリを彩った欲望の文化に迫る。